KB053799

살면서 꼭 한 번은
손자병법

살면서 꼭 한 번은

손자병법

임성훈 지음

다른
상상

전략적인 삶을 위한 지혜

《손자병법》에 대해서 한 번도 들어보지 못한 사람은 없을 것이다. '지피지기 백전불태(知彼知己 百戰不殆, 적을 알고 나를 알면 백 번 싸워도 위태롭지 않다)'라는 말로도 유명하며, 동양 전쟁론의 고전으로 수많은 책에서도 심심치 않게 인용되기 때문이다.

실제로는 그 이름의 무게보다는 가벼운 책이다. 여기서 '가볍다'는 것은 분량이 적다는 의미다. 일반적으로 '동양고전' 하면 떠오르는 《논어》나 《맹자》와 같은 책에 비하면 분량이 절반도 되지 않는다. 하지만 그 내용이 심오하여 최고의 병법서라 일컬어지며, 손무도 '손자'라는 존칭으로 추앙받고 있다.

손무(孫武)는 오(吳)나라 왕 합려를 도와 초(楚)나라를 제압해, 오(吳)를 전국 7웅으로 자리매김하는 데 일조한, 이론과 실전 전술을 겸비한 장수였다. 사마천의 《사기열전》 중 [손자오기열전]을 살펴보면 합려를 만나기 전에 손자가 이미 13편의 병법서를 완성했으며, 꽤나 강직한 성품이었다는 것을 알 수 있다.

"그대가 지은 13편을 읽어보았다. 작게라도 군대를 한번 지휘해볼 수 있겠는가?"

손자를 처음 만난 날, 오왕 합려는 궁 안의 여인 180명을 모아 손자에게 지휘하게 했다. 손무는 '앞, 뒤, 좌, 우' 명령에 따라 여인들을 움직이게 했는데, 그들은 깔깔거리며 웃을 뿐 제대로 명령을 이행하지 않았다.

"군령이 분명치 않고 군사들이 명령에 숙달되지 않는 것은 장수의 죄다."

손자는 이렇게 말한 뒤 여러 번 군령을 되풀이해 알려주었지만, 여전히 여인들은 장난으로 여기고 말을 듣지 않았다.

"군령이 이미 명확해졌는데도 명령에 따르지 않는 것은 군사들의 죄다."

손자는 이렇게 말하고 좌우 대장의 목을 베려고 했는데, 이때 임명한 좌우 대장은 오왕 합려가 가장 아끼던 애첩들이었다.

"과인이 이미 장군의 뛰어난 용병술을 알았소. 내가 이 두 첩이 없으면 밥을 먹어도 단맛을 모르니 부디 그들의 목을 베지 말아주시오."

"저는 이미 군주의 명을 받아 장수가 되었습니다. 장수가 군에서는 군주의 명이라고 하더라도 따르지 않는 경우가 있습니다."

손자는 두 첩의 목을 베어 군령의 기강을 세우고 여인들을 다시 훈련했다. 애첩들의 죽음을 목격한 여인들은 새파랗게 질려, 손자의 명령에 자로 잰 듯 정확하게 움직였다.

"군대가 잘 갖추어졌습니다. 왕께서 그들을 쓰고자 하신다면 물불을 가리지 않고 뛰어들 것입니다."

이 일화에서 볼 수 있듯, 손자는 군사 작전에 있어 칼 같은 사람이었다. 일체의 '사(私)'가 없었다. '승리를 위해서는 장수와 군사들이 하나가 되어야 한다', '가장 강한 상태에서 적을 칠 수 있게 군사들을 잘 훈련해야 한다', '겉으로 보이는 형(形)만큼 중요한 것은 사기나 훈련 정도 등 무형의 세(勢)다', '장수는 전쟁상황에서는 군주의 명을 어길 수도 있다'와 같이 손자가 중요시한 용병의 원칙을 살펴볼 수 있다.

《손자병법》에서 발견할 수 있는 핵심 메시지는 다음과 같다.

첫째, 전쟁은 경제학이다. 일단 전쟁이 일어나면 수많은 자원이 투입된다. 싸우지 않고 이기는 것이 제일 좋고, 그렇지 않다면 양측의 피해를 최소화하는 것이 중요하다. 손자는 전쟁을 오래 끌거나, 공성전을 하거나, 화공을 쓰는 것을 꺼렸다. 군사가 상하고 지나치게 많은 자원이 소모되는 방식이기 때문이다. '양식과 물자는 적의 것을 약탈해서 충당한다', '승리해서 얻은 이익을 군사들과 나눈다', '얻는 것이 없는 싸움은 절대 하지 않는다'는 것이 손자의 생각이다.

둘째, 전쟁은 상대를 속이는 것이고, 고도의 심리전이다. 전쟁이라는 행위 자체가 이미 비열한 상태가 된 것이다. 그 상황에서 예의를 차리고, 내 패를 다 보여주는 것은 어리석다. 상대를 속여 틈을 만들고, 약해진 상대를 강한 힘으로 몰아붙여서 확실한 승리를 얻어내는 것이 장수의 역할이다. 붙어봐서 승패를 가리는 것이 아니라 이미 이긴 상태에서 전쟁을 벌이는 것이다.

셋째, 힘이 아닌 계략으로 이긴다. 군사가 많다고 승리하는 것이 아니다. 상대의 군사를 무력화하고, 아군의 힘을 극대화하는 전략으로 싸워야 한다. 계략을 세워 이기기 위해서는 정보를 수집하는 것이 가장 중요하다. 간첩을 활용하고, 아군의 상대보다 먼저 정보를 거짓으로 흘리기도 하며, 적을 알고 나를 알아 이길 수 있는 최선의 모략을 세워야 한다.

손자는 상당히 많은 분량을 지형에 따른 전술을 소개하는 데 할애했다. 장수가 지형과 같이 주어진 상황에 대한 정보를 수집하고 분석해, 이기는 전략과 전술을 수립하는 것을 승리의 가장 절대적인 조건이라고 강조했다.

넷째, 머리가 말랑말랑해야 승리할 수 있다. 정공법으로 힘과 힘으로만 붙어서는 쉽게 승리할 수 없다. 기이한 술책이나 기습전, 정공법이나 정규전을 자유자재로 활용할 수 있어야 한다. 손자는 이것을 '기정상생(奇正相生, 기(奇)와 정(正)이 서로를 낳는 것은 마치 순환하면서 끝이 없는 것과 같다)'이라고 말했다. 한 가지 방법만 생각하지 말고 상황에 맞게 다양한 방식으로 대응할 수 있어야 한다.

다섯째, 객관적인 조건보다 장수의 능력이 더 중요하다. 아무리 군사가 많고, 유리한 위치를 차지하고 있더라도 장수가 멍청하면 싸움에서 이길 수 없다. 이순신 장군이 절대적으로 열세였던 명량해전에서 승리한 것처럼, 장수가 치밀하게 전략을 준비하면 몇 배나 규모가 큰 적도 이길 수 있다. 손자는 곳곳에서 장수의 역량이 중요함을 강조한다.

　《손자병법》은 시계(始計), 작전(作戰), 모공(謀攻), 군형(軍形), 병세(兵勢), 허실(虛實), 군쟁(軍爭), 구변(九變), 행군(行軍), 지형(地形), 구지(九地), 화공(火攻), 용간(用間)의 총 13편으로 구성되어 있다. 이를 크게 두 부분으로 나눌 수 있는데, 시계(始計)에서 허실(虛實)까지는 주로 기초적인 전략과 이론을 다루고 있고, 군쟁(軍爭)에서 용간(用間)까지는 주로 실전에서의 전술과 지형에 대해 다루고 있다.

　시계(始計), 작전(作戰), 모공(謀攻)편은 총론 성격으로 한 묶음으로 볼 수 있다. '전쟁은 사전에 치밀하게 계획해 속전속결로 승리를 거둔다'는 손자의 전쟁 철학을 엿볼 수 있다. 군형(軍形), 병세(兵勢)편은 각각 유형과 무형의 전투력에 대해 다루고 있다. 허실(虛實)편에서는 주도권을 놓치지 말고, 적의 허(虛)를 아군의 실(實)로 공격해야 함을 강조한다.

군쟁(軍爭), 구변(九變)편에서는 적을 속여 유리함을 만들고, 다양한 상황에서 임기응변으로 여러 가지 전술을 구사해야 함을 강조한다. 행군(行軍), 지형(地形), 구지(九地)편에서는 지형에 따른 용병술을 기술하고 있다. 화공(火攻), 용간(用間)편에서는 불로 공격하는 법과 간첩을 활용하는 방법을 다루고 있다.

《손자병법》은 다양한 관점에서 읽으면서 자기계발, 인간 심리, 조직 운영, 리더십, 처세 등에 대한 아이디어를 얻을 수 있다. 하지만 기본적으로 전쟁에서 상대와 싸워 이기는 방법에 관한 책이다. 그러니 내가 원하는 것을 얻기 위해 억지로 끼워 맞추면서 읽기보다는 '병법서'라는 점을 있는 그대로 받아들이고 읽어가기를 권한다.

실제 전쟁을 앞둔 장수의 심정으로 앞에서부터 순서대로 정독하면 손자의 놀라운 통찰력과 지혜에 무릎을 치며 감탄하게 될 것이다. 지형에 따른 전술을 상세하게 기술한 부분, 행군(行軍), 지형(地形), 구지 (九地)편은 오늘날 적용하기에 곤란한 점이 있으니, 참고만 해도 좋을 것이다.

이 책이 나오기까지 변함없는 사랑과 응원을 보내준 가족들에게 사랑과 고마움을 전한다.

2022년 임성훈

※ 일러두기
이 책은 손자가 지은 《손자병법》을 완역하고 해설을 덧붙였다. 무경칠서(武經七書)본을
기본으로 하되, 문장의 맥락이 매끄럽지 않은 부분은 위무제 조조의 주석본 등 여타 판
본을 참고하였다. 원문을 그대로 살려 번역하였으나, 독자들의 이해를 위해 일부 단어
를 추가하거나 의역하였음을 밝힌다.

이기는 전략을 세우려면

시계편 始計篇

'계(計)'는 '계획한다, 헤아린다'라는 말이다.
'시(始)'는 판본에 따라 생략된 경우도 있다.
전체를 총괄하는 도입부로, 전쟁 전 계획의 중요성을 강조한다.
'도천지장법(道天地將法)'의 '오사(五事)'와
군주, 장수, 지리, 훈련, 상벌체계 등
'칠계(七計)'를 헤아려보면, 전쟁 전에 승패를 알 수 있다.
전쟁은 국가의 존망을 결정하는 큰일이기 때문에,
섣불리 싸우지 말고 사전에 치밀하게 계획해야 한다.

일을 시작하기 전에 반드시 잘 살펴라

孫子曰 兵者 國之大事
손 자 왈 병 자 국 지 대 사
死生之地 存亡之道 不可不察也
사 생 지 지 존 망 지 도 불 가 불 찰 야

손자가 말하였다. 전쟁이라는 것은 나라의 중대한 일이다.
죽음과 삶을 판가름하는 마당이며,
존속하고 망하는 길이니 잘 살피지 않을 수 없다.

전쟁은 한 국가의 운명을 결정짓는 일이다. 백성들의 생사와 국가
의 존망이 걸려 있다. 이런 중대한 일을 시작할 때 명확한 전략 없이
덤벼들면 안 된다. 이 말에서 가장 핵심적인 글자는 '살피다, 조사하
다'라는 뜻을 가진 '察(찰)'이다. 큰일을 준비하면서 빠진 것이 없는지
두루 살펴야 한다. 정보를 충분하게 수집하지 못하거나 꼭 고려해야
할 것을 놓치면 안 된다. 한번 잘못 내린 결정은 돌이킬 수 없는 재앙
이 되고 만다. 개인적인 차원에서도 인생의 큰일을 앞두고 철저히 살
피고 분석해야 한다. 단순한 희망이나 기대, 남에게 의지하는 마음을
갖고는 일을 이룰 수 없다. 이 말 뒤에 이어서 구체적으로 '무엇'을 꼭
살펴야만 하는지 말한다.

적과 나의 상황을 비교해보라

故 經之以五 校之以計 而索其情
고 경 지 이 오 교 지 이 계 이 색 기 정

그러므로 (전쟁은) 다섯 가지를 기준으로 삼고,

(일곱 가지) 계책으로써 (상대와 나를) 비교하여

그 상황을 탐색해야 한다.

전쟁 전에는 기준을 세워 상대와 나의 상황을 비교해보아야 한다. 그 다섯 가지 기준이 뒤에 나오는 '도천지장법(道天地將法)'이다. 여기서 중요한 점은 '상대와 나를 비교해야 한다'는 것이다. 전쟁은 절대 평가가 아니다. 전쟁에 참여하는 인원이 많고, 군량 등의 자원이 풍부하다고 해서 꼭 이길 수 있는 것이 아니다. 전쟁은 상대 평가다. 내가 싸우는 상대와 비교했을 때 상대적으로 우세한 점이 있다면 이길 수 있다. 군사의 수가 적더라도 기강이 잘 잡혀 있거나, 보급과 수송 시스템이 원활하다면 승리할 수도 있다.

전쟁 전 살펴야 할 다섯 가지

一曰道 二曰天 三曰地 四曰將 五曰法
일 왈 도 이 왈 천 삼 왈 지 사 왈 장 오 왈 법

첫째는 도(道), 둘째는 하늘(天), 셋째는 땅(地),
넷째는 장수(將), 다섯째는 법(法)이라고 한다.

전쟁 전 살펴야 할 다섯 가지, 백성과 군주가 뜻을 함께하는 것(道), 천시(天), 지리(地), 훌륭한 장수(將), 체계(法) 모두 중요하다. 그중 가장 먼저 나오는 것이 도(道)이다. 전쟁은 사람이 하는 것이다. 아무리 전쟁의 시기(天)가 좋고 지리적인 우위(地)를 차지하였다 하더라도, 전쟁에 참여하는 사람들이 뜻을 함께(道)하지 않으면 승리할 수 없다. 전쟁사를 보면 소수의 군대가 다수의 적을 이기는 경우가 비일비재하다. 특히 나라를 지키기 위해 다른 나라의 침입을 막아낸 전투에 그런 사례가 많다.

고립무원의 상황에서도 당태종의 침입을 막아냈던 안시성 전투, 절대적 열세였던 조선 수군이 13척의 배로 133척의 일본군을 물리친 명량해전 등을 살펴보면 지도자와 군사들의 뜻이 '나라를 지켜야 한다'는 명분으로 일치했다.

뜻이 하나가 되어야 승리한다

道者 令民與上同意也
도자 영민여상동의야

故 可與之死 可與之生 而民不畏危也
고 가여지사 가여지생 이민불외위야

도(道)란 백성들로 하여금 윗사람과 뜻을 함께하게 하는 것이다.
그러므로 백성이 군주와 함께 죽을 수도, 살 수도 있고 위험을 두려워하지
않는다.

　'동상이몽(同牀異夢)'이라는 말이 있다. 같은 자리에서 잠자면서도
다른 꿈을 꾸는 것, 즉 몸은 함께 있지만 품은 뜻이 다르다는 말이다.
전쟁을 함께 치르는 사람 사이의 동상이몽은 패배의 지름길이다. 생
각이 다르면 승리하기 어렵다. 비록 전쟁에는 어찌어찌 이긴다고 하
더라도 내부적으로 분열해 국력은 오히려 약해질 수 있다.

　여기서 '도(道)'는 명분이다. 왜 싸워야 하는지에 대해 공감대를 형
성하는 것이다. 한 가정에서 작은 사업을 시작한다고 하더라도 가족
간에 그 뜻이 하나가 되어야 한다. 어머니가 반대하는 사업을 아버지
가 아무리 열심히 한다고 한들 성공하기 어렵다. 구성원들 사이에 뜻
이 일치하지 않으면 시작도 전에 무너진다.

적절한 시기인지 판단하라

天者 陰陽寒暑時制也
천 자 음 양 한 서 시 제 야

천(天)이란 흐리고 맑은 것,
추위와 더위와 같은 하늘의 때를 제어하여 활용하는 것이다.

전쟁할 때 시기와 환경은 매우 중요하다. 농경시대에는 가을걷이 하는 시기에 군대를 동원하는 것은 금기였다. 행군이 힘든 한겨울이나 장마철도 피해야 했다. 계절과 기후에 잘 적응해야 하지만, 그것을 적절하게 활용하는 지혜도 필요하다. 특히 화공(火攻)을 쓴다면 바람의 방향을 잘 파악하고 있어야 한다. 역풍을 맞으며 화공을 쓰면 상대가 아닌 아군에게 치명적인 피해를 입힐 수 있다.

전략적인 관점에서 천(天)은 타이밍이라고 할 수 있다. 내가 원하는 일을 실행하기에 시기가 무르익었는지, 시점이 적절한지 판단하는 것이다.

지리적인 상황을 분석하고 활용하라

地者 遠近險易廣狹死生也
지 자 원 근 험 이 광 협 사 생 야

지(地)란 멀고 가까움, 험준함과 평탄함, 넓음과 좁음,
살 곳과 죽을 곳을 판단하는 것이다.

전쟁은 결국 땅 위에서 하는 것이다. 기가 막힌 타이밍에 적을 공격해도 지리적인 이점을 선점하지 않으면 승리하기 힘들다. 높은 곳에서 아래를 향해 활을 쏘는 것이 유리하고, 많은 수의 적을 소수의 아군으로 막으려면 좁은 길목을 틀어막아야 한다. 험준한 산을 돌아가면 아군의 피해는 적겠지만 적이 아군의 공격을 예상할 수 있다. 산을 넘어 공격하면 이동 중 아군의 희생은 있겠지만, 지리적인 이점을 취할 수 있다.

좀 더 넓게 해석해보면 지(地)는 나의 상황, 처지로 볼 수 있다. 현재 가진 자원은 얼마나 되는지, 역량은 어느 정도인지, 할 수 있는 것과 없는 것에 대해 잘 판단해야 한다.

유능한 장수의 다섯 가지 덕목

將者 智信仁勇嚴也
장자 지신인용엄야

장수(將)란 지혜, 신뢰, 어짊, 용기, 위엄이다.

어떤 장수를 전쟁의 책임자로 임명하는지에 따라 승리와 패배가 결정된다. 같은 조건에서도 유능한 장수는 승리를 이끌지만, 무능한 장수는 잘못된 결정을 반복하여 군대를 궤멸 상태로 만들어버리기도 한다.

유능한 장수는 지혜롭다. 군사들은 몸으로 전쟁을 하지만, 장수는 머리로 한다. 장수가 지혜롭지 않으면 그 군대는 위태롭다. 신뢰를 얻지 못하는 장수는 군대를 제대로 통솔할 수 없다. 군사를 자식과 같이 아끼고 어진 마음으로 대하면 신뢰는 더욱 깊어진다. 장수에게 용기는 당연히 필요하지만, 자기 용기만 믿고 날뛰지 말아야 한다. 절제된 용기가 필요하다. 장수는 군사들과 허물없이 지내더라도 엄격하고 공정한 조직 운영을 위해 위엄을 잃어서는 안 된다.

체계적인 조직이 뒷받침되어야 승리할 수 있다

法者 曲制官道主用也
법 자 곡 제 관 도 주 용 야

법(法)이란 군대의 편제와 직제, 보급이다.

'곡(曲)'은 옛날 중국에서 100명 단위의 부대를 칭한다. '곡제(曲制)'는 군의 편제를 말한다. '관도(官道)'는 군의 직제 및 복무규정, '주용(主用)'은 '주관해서 쓴다'는 말로, 군의 보급시스템을 가리킨다. 즉, 군대의 편제와 직제, 군비조달 및 보급수송 시스템을 '법(法)'이라 하는데, 조직이 얼마나 체계적으로 관리되고 있는지의 문제인 것이다.

전쟁은 가위바위보 놀이처럼 단판에 끝나는 것이 아니다. 크고 작은 전투가 이어진다. 한두 번 전투에서 이긴다고 해서 전쟁에서 최종 승리하는 것이 아니다. 전쟁은 두 나라의 총체적인 역량 대결이다. 따라서 반드시 체계적인 조직이 뒷받침되어야 승리할 수 있다.

개인적으로 중요한 결정을 할 때도 반드시 현재 시스템을 잘 점검해보아야 한다.

정확하게 알고 적용해야 한다

凡此五者 將莫不聞
범 차 오 자 장 막 불 문

知之者 勝 不知者 不勝
지 지 자 승 부 지 자 불 승

장수라면 이 다섯 가지에 대해 듣지 못한 자가 없을 것이다.

제대로 아는 자는 승리하지만, 제대로 알지 못하는 자는 승리하지 못한다.

앞서 언급한 전쟁 전에 살펴야 할 '도천지장법(道天地將法)'은 어찌 보면 당연히 살펴야 할 것이다. 특별할 것도 없다. 장수라면 들어보지 못한 자가 없다. 하지만 그저 들어본 적이 있거나 대충 아는 것과 제대로 알고 실전에 적용하는 것은 완전히 다른 문제다. 기본을 정확하게 알고 실행하는 자가 승리한다. 정확하게 알려면 이치를 깊이 생각해야 하고, 그것을 적용하기 위해서는 잘 관찰해봐야 한다. 뒤에 나오는 '칠계(七計)'가 세부적인 지침이 된다.

상대와 비교해보아야 하는 일곱 가지

故 校之以計 而素其情
고 교지이계 이색기정

曰 主孰有道 將孰有能 天地孰得
왈 주숙유도 장숙유능 천지숙득

法令孰行 兵衆孰強 士卒孰練 賞罰孰明
법령숙행 병중숙강 사졸숙련 상벌숙명

吾以此 知勝負矣
오 이 차 지 승 부 의

그러므로 (일곱 가지) 계책으로서 (상대와 나를) 비교할 수 있다. 군주가 도를 지니고 있는가? 장수가 유능한가? 천시와 지리를 얻었는가? 법령이 잘 시행되고 있는가? 병력이 강한가? 군사들이 잘 훈련돼 있는가? 상벌이 분명한가? 나는 이런 것들로 미루어 승부를 알 수 있다.

'길고 짧은 것은 대봐야 안다'는 말이 있다. 뭐든지 실제로 겨루어봐야 승패를 안다는 말이다. 손자에게는 이 말이 하수의 잠꼬대와 같다. 고수는 싸우기 전에 승패를 안다. '도천지장법'을 기준으로 삼고 일곱 가지 계책으로 비교해보면 예측이 가능하다.

인재는 자기를 알아주는 사람 곁에 남는다

將聽吾計用之 必勝 留之
장 청 오 계 용 지 필 승 유 지

將不聽吾計用之 必敗 去之
장 불 청 오 계 용 지 필 패 거 지

군주가 나의 계책을 듣고 쓴다면
반드시 승리할 것이니 나는 그에게 머무를 것이다.
군주가 나의 계책을 듣고 쓰지 않는다면
반드시 패할 것이니 나는 그를 떠날 것이다.

'將'은 보통 '장수'라는 의미로 쓰이지만 여기서는 손자를 등용한 오왕 합려를 가리키는 말이다. 손자는 자신의 계책에 강한 자신감을 보였다. 자기 계책을 따르면 반드시 승리할 것이고, 그것을 알아보고 채택하는 사람 곁에 머무르겠다는 의지를 갖고 있었다. 손자가 활동하던 춘추시대에 군주들은 뛰어난 인재를 영입하여 힘을 기르려고 했다. 인재들은 자신을 알아봐주는 군주를 찾아 나서기 때문에 뛰어난 인재를 바로 알아보지 못하는 군주는 부국강병을 이루기 힘들었다.

유리한 형세를 만드는 법

計利以聽 乃爲之勢 以佐其外 勢者 因利而制權也
계 리 이 청 내 위 지 세 이 좌 기 외 세 자 인 리 이 제 권 야

내 계책의 이로움을 잘 따르면 그것이 곧 유리한 형세가 되고,
그것으로 바깥의 군대를 도와주는 것이다.
'세(勢)'라는 것은 유리함을 좇아 유연하게 변화를 만드는 것이다.

　'세(勢)'는《손자병법》의 핵심적인 개념 중 하나로, 전략적 우위를 점하고 있는 것이다. '기세 좋다'는 말을 떠올리면 이해하기 쉽다. 손자는 자신의 계책을 잘 따르면 그것 자체가 유리한 형세를 만드는 것이고, 그것으로 실제 전쟁을 도울 수 있다고 말한다. '권(權)'은 저울추를 가리키는데, 물체의 무게에 따라서 저울추가 이리저리 움직이듯이 전략도 상황의 유리함을 좇아 유연하게 변화해야 한다는 것을 말하고 있다. 자신이 제시하는 계책의 유리함을 잘 따르고, 상황에 따라 유연하게 실리를 좇는 것이 유리한 형세를 만드는 요체라는 것이다.

　어떤 일을 할 때 사전에 철저하게 계획을 세우고, 실제 상황에서는 상황에 맞게 대처하는 유연함이 필요하다.

상대의 잘못된 판단을 이끌어야 승리한다

兵者 詭道也 故 能而示之不能 用而示之不用
병자 궤도야 고 능이시지불능 용이시지불용
近而示之遠 遠而示之近
근 이 시 지 원 원 이 시 지 근

전쟁이란 속이는 것이다.

그러므로 능력이 있어도 없는 것처럼 보이게 하고,

쓰면서도 쓰지 않을 것처럼 보이게 한다.

가까운 곳을 노리면서도 먼 곳을 노리는 것처럼 하고,

먼 곳을 노리면서도 가까운 곳을 노리는 것처럼 한다.

전쟁은 정직하고 얌전하게 하는 것이 아니다. 전쟁이라는 것 자체가 이미 비상식적인 상황이다. 전쟁은 상대의 목숨을 빼앗고, 원하는 것을 얻기 위해 잔인한 야수의 얼굴을 드러내고 싸우는 것이다. 삶과 죽음이 갈리는 상황에서 최소한의 피해로 상대를 굴복시키려면 무조건 전면전으로 이끌어서는 안 된다. 상대의 잘못된 판단을 유도해 허점이 드러나게 하고 그곳을 공략해야 한다. 그러려면 상대를 속여야 한다. 잘못된 정보를 흘리고, 거짓으로 꾸민 모습을 보여, 아군의 역량과 의도를 노출하지 말아야 한다.

아군이 유리할 때 공격하라

利而誘之 亂而取之
이 이 유 지 난 이 취 지

實而備之 强而避之
실 이 비 지 강 이 피 지

적을 이롭게 하여 꾀어내고, 어지럽게 하여 공격한다.
적이 충실하면 적의 공격에 대비하고, 적이 강하면 피한다.

싸움은 아군이 유리할 때 해야 한다. 상대가 유리한 상황일 때는 꾀어내어 불리한 상황으로 만들고 혼란스럽게 한다. 적이 충실하게 방비를 하고 있다면 공격하지 말고 혹시 있을 기습에 대비한다. 강한 적은 피해야 한다.

즉, 이길 수 있는 싸움을 하라는 말이다. 단순한 승리가 아니라 아군의 피해가 가장 적은 승리를 해야 한다. 적이 약할 때는 과감히 공격하고, 강할 때는 뒤로 물러난다. 반대로 아군이 강할 때는 약한 듯이 보여 적을 꾀어 공격하게 하고, 아군이 약할 때는 강한 것처럼 위장하여 공격하지 못하게 해야 한다.

적의 전력을 약하게 하라

怒而撓之 卑而驕之
노 이 요 지   비 이 교 지
佚而勞之 親而離之
일 이 로 지   친 이 리 지

적을 성나게 해서 어지럽게 하고,
자신을 낮추어 적을 교만하게 한다.
적이 편안하면 수고롭게 만들고,
적들이 친밀하면 그 사이를 멀어지게 한다.

적이 싸움에 응하지 않고 지구전으로 끌고 가려고 하는데, 아군은 빨리 전쟁을 끝내야 하는 상황이라면, 어떻게 해서든 적을 싸움터로 끌어내야 한다. 적장의 기질을 파악해 만약 성격이 불같은 장수라면 성나게 한다. 냉정함을 잃은 장수는 판단이 흐려지기 때문이다. 적장이 자부심이 강하다면 자신을 낮추어 교만한 마음이 들게 하면 방비가 소홀해지는 수가 있다. 적이 편안하게 체력을 회복할 기회를 주지 말고 긴장시켜 수고롭게 하고, 적들이 잘 화합하고 있다면 이간질해야 한다. 적의 전력을 약하게 하여 틈을 만드는 것이 승리의 관건이다.

적이 예상하지 못한 곳을 공격한다

攻其無備 出其不意
공 기 무 비 출 기 불 의

적이 방비하지 않은 곳을 공격하고, 생각하지 못한 곳으로 쳐들어간다.

적의 예상대로 움직이면 막힌다. 적의 예상을 벗어난 장소를 공격하고, 예상하지 못한 시기를 잡아야 한다. 공격도 생각하지 못한 방식으로 가하면 적에게 균열이 생기고, 아군에게 승리의 기회가 있다. '장소'를 중심으로 번역했지만 '시기'나 '방법'으로 해석해도 뜻이 통한다.

대화나 협상할 때도 마찬가지다. 상대가 충분히 예상할 수 있는 조건이나 이유를 들이밀면 나의 뜻을 관철하기 힘들다. 상대가 예측하지 못한 승부수를 띄워 빈틈을 보일 때 그곳을 치고 들어가야 승산이 있다.

전략은 노출되어선 안 된다

此 兵家之勝 不可先傳也
차 병 가 지 승 불 가 선 전 야

이것은 병가에서 승리하는 길이니, 먼저 적에게 전해지면 안 된다.

상대를 속이는 전략은 노출되면 안 된다. 기껏 머리를 쥐어 짜내어 상대를 속일 계책을 만들었는데, 미리 알고 대비해버리면 그 전략은 무용지물이다. 그러니 전략적인 기밀은 유출되지 않도록 최소한의 인원만 알고 있어야 한다. 때로는 장수 혼자만 알고 아군까지도 속여야 한다.

반대로 승리하려면 상대의 전략을 알아내는 것이 중요하다. 가장 뛰어난 낚시꾼은 물고기처럼 생각하는 사람이다. 적의 입장으로 아군을 어떻게 속일 것인지 생각해보고 다양한 상황에 대비하면 위태로움이 적다.

싸우기 전에 승패를 알 수 있다

夫未戰而廟算 勝者 得算多也
부 미 전 이 묘 산 승 자 득 산 다 야

未戰而廟算 不勝者 得算少也
미 전 이 묘 산 불 승 자 득 산 소 아

多算 勝 少算 不勝 而況於無算乎
다 산 승 소 산 불 승 이 황 어 무 산 호

吾以此觀之 勝負見矣
오 이 차 관 지 승 부 견 의

전쟁 전에 묘당에서 승리를 예측하는 것은 이길 수 있는 묘책이 많기 때문이고, 전쟁 전에 묘당에서 승리할 수 없다고 생각하는 것은 묘책이 적기 때문이다. 묘책이 많으면 승리하고, 적으면 승리할 수 없다. 하물며 묘책이 없는 경우는 더 말할 것도 없다. 나는 이런 것으로 승부를 미리 내다본다.

승패는 싸우기 전에 어느 정도 예측할 수 있다. 두말할 것도 없이, 아군에게 유리한 전략이 많으면 많을수록 승리할 확률이 높아진다. 계책이 빈약하면 절대 이길 수 없다. 전쟁은 나라의 명운을 걸고 하는 것인데, 운을 바라고 시작할 수 없다. 철저하게 적과 나의 상태를 분석하고, 이길 수 있는 계책을 갖고 시작해야 한다.

전쟁뿐 아니라 다른 일을 할 때도 철저한 분석을 통해 상황을 정확하게 이해하고, 유리한 계책을 많이 수립해야 실패하지 않는다.

속전속결의 싸움을 하려면

작전편 作戰篇

'작(作)'은 '만든다, 일으킨다'라는 말이고,
'전(戰)'은 '실제 전쟁'을 말한다.
실제 전쟁에서 중요한 것은 도덕적인 명분이나 예의가 아니다.
전쟁은 철저히 경제학에 따른다.
경제적인 이득이 없는 전쟁은 하지 말아야 한다.
전쟁을 오래 끌면 백성들이 괴롭고 얻는 것도 적어지니,
속전속결로 빨리 끝내는 것이 중요하다.
이 편에서는 현실주의적인 손자의 면모가 드러난다.

전쟁은 경제력이 뒷받침되어야 한다

孫子曰 凡用兵之法 馳車千駟 革車千乘
손 자 왈 범 용 병 지 법 치 거 천 사 혁 거 천 승

帶甲十萬 千里饋糧
대 갑 십 만 천 리 궤 량

則內外之費 賓客之用 膠漆之材 車甲之奉 日費千金
즉 내 외 지 비 빈 객 지 용 교 칠 지 재 거 갑 지 봉 일 비 천 금

然後 十萬之師擧矣
연 후 십 만 지 사 거 의

손자가 말하였다. 무릇 군대를 사용하려면 (4마리 말이 끄는) 전쟁용 수레 1000대, 무장한 수레 1000대, 갑옷 입은 군사 10만 명, 천 리 길을 실어나를 군량이 필요하다. 국내외에서 쓰는 비용과 사신의 접대비, 아교와 칠에 쓰이는 재료비, 수레와 갑옷을 정비하는 비용 등 하루에 천금의 비용이 든다. 이런 준비를 한 이후에야 비로소 10만의 군대를 일으킬 수 있다.

전쟁은 철저하게 경제적인 행위다. 전쟁에 참여하는 사람들을 먹이고 입혀야 하고, 무기도 지급해야 한다. 예전에는 말도 전쟁에 참여했으니, 말 먹이도 준비해야 했다. 경제적인 준비와 뒷받침 없이는 전쟁을 시작할 수조차 없다.

셈에 서투른 사람은 전쟁을 시작하면 안 된다. 전쟁은 경제학이다.

전쟁에서는 이기는 것이 가장 중요하다

其用戰也貴勝 久則純兵挫銳 攻城則力屈
기 용 전 야 귀 승 구 즉 둔 병 좌 예 공 성 즉 력 굴

久暴師則國用不足
구 폭 사 즉 국 용 부 족

전쟁에 있어 승리가 귀하다.

전쟁을 오래 끌면 군사들이 둔해지고 사기가 꺾여

성을 공격해도 힘에 부친다.

군대를 오랫동안 싸움터에 두면 나라의 재정이 부족해진다.

전쟁에서는 되도록 빨리 승리하는 것이 좋다. 시간을 끌면 끌수록 경제적인 부담이 커진다. 군사들의 날카로움도 처음과 같지 않게 무뎌진다. 특히 공격하는 쪽에서는 빨리 전쟁에서 승리하는 것이 절실하다. 다른 나라의 영토에서 군량을 조달하면서 버티기가 쉽지 않고, 위태롭기 때문이다.

개인적인 차원에서도 다른 사람과 싸움은 되도록 피하고 대화로 해결하는 것이 좋지만, 일단 싸우기로 했다면 빠르게 끝내야 한다. 다툼이 길어지면 길어질수록 기운이 고갈되어 다른 일에 집중할 수 없게 된다.

기세가 꺾이면 엎드려 있던
적들이 일어난다

夫純兵挫銳 屈力殫貨 則諸侯 乘其弊而起
부둔병좌예 굴력탄화 즉제후 승기폐이기
雖有智者 不能善其後矣
수유지자 불능선기후의

무릇 군사들이 둔해지고 사기가 꺾이며,

힘이 모자라고 재정이 바닥나면, 다른 제후들이 그 피폐함을 틈타 일어난다.

비록 지혜로운 자가 있다 하더라도 뒷일을 수습할 수 없다.

춘추시대에는 제후들이 호시탐탐 상대 국가를 노렸다. 공격할 시기를 재다가 상대 국가가 전쟁이나 내란으로 힘이 분산되면, 전쟁을 일으키는 일이 비일비재했다. 아무리 강한 국가라도 긴 전쟁으로 기세가 꺾이면, 그간 엎드려 있던 적들이 그 기회를 틈타 일어난다.

한 나라에 아무리 지혜로운 사람이 있더라도 이미 국력이 약해진 상태에서 상대의 공격을 받으면 이겨낼 수가 없다. 뛰어난 권투 선수라도 감기몸살에 걸려 힘을 쓰지 못하면 평범한 사람에게도 이기기 힘들다. 그러니 전쟁에서는 기세가 꺾이기 전에 빨리 승부를 보아야 한다.

전쟁은 속전속결로 끝내야 한다

故 兵聞拙速 未睹巧之久也
고 병문졸속 미도교지구야
夫兵久而國利者 未之有也
부병구이국리자 미지유야

그러므로 전쟁은 서툴더라도 빨리 끝내야 한다는 말은 들었어도,
교묘하게 오래 끄는 것은 보지 못했다.
전쟁을 오래 끌어서 나라에 이로웠던 예는 지금까지 없었다.

'졸속(拙速)'이라는 말은 '어설프고 부족한데 빠르기만 하다'는 뜻으로, 다소 부정적으로 쓰인다. 하지만 《손자병법》에서의 '졸속'은 전쟁을 수행하는 장수의 핵심적인 미덕이다. 전쟁은 비록 서툴고 어설픈 계책을 쓰더라도 빨리 끝내야 한다. 물론 빨리 끝내면서도 멋지게 승리하면 금상첨화다. 귀신이 혀를 내두를 정도로 교묘하고 영리한 계책을 쓰더라도 전쟁을 신속하게 끝내지 못하면 나라에 이롭지 않다. 승리하더라도 이미 기세가 꺾여버린 군사들과 경제적인 파탄이 기다리고 있을 뿐이다. 교묘한 계책을 쓰면서 질질 끄는 전쟁보다 투박하더라도 빨리 끝내버리는 전쟁이 더 이익이다.

전쟁의 해로움부터 제대로 알아야 한다

故 不盡知用兵之害者 則不能盡知用兵之利也
고 부진지용병지해자 즉불능진지용병지리아

그러므로 전쟁의 해로움을 다 알지 못하는 자는
전쟁의 이로움도 다 알 수 없다.

전쟁의 해로움이 무엇인지 정확하게 알아야, 전쟁을 통해 얻을 수 있는 것이 무엇인지도 알 수 있다. 앞서 말한 바와 같이 전쟁은 경제학이다. 전쟁이 오랫동안 끝나지 않을 때 어떤 것을 잃는지 명확하게 알 수 있어야 한다. 승리하더라도 더하기 빼기 셈을 헤아려봤을 때 얻는 것이 별로 없다면 그 전쟁은 실패한 것이다.

전쟁의 해로움은 국력의 약화다. 백성이 군역 때문에 괴로워하고, 생산에 쓰여야 할 노동력이 파괴에 쓰인다. 앞뒤를 계산하면서 전쟁을 하는 장수가 진짜 승리를 얻을 수 있다.

적의 자원을 빼앗아 활용하라

善用兵者 役不再籍 糧不三載 取用於國 因糧於敵
선 용 병 자 역 불 재 적 양 불 삼 재 취 용 어 국 인 량 어 적
故 軍食可足也
고 군 식 가 족 야

용병에 뛰어난 자는 백성을 두 번 병역에 동원하지 않고
식량을 전장으로 세 번 나르지 않는다.
비용은 나라에서 취하더라도 식량은 적으로부터 구한다.
그러므로 군대의 식량이 넉넉한 것이다.

전쟁에 투입하는 자원에는 한계가 있다. 무한정 투입할 수는 없다. 전쟁 중에도 후방에서는 일상이 계속되기 때문이다. 또한, 한번 전쟁에 동원된 사람은 그 공을 인정해주고, 더 이상 전장에 불러들이지 않아야 한다. 식량을 본국에서 계속 끌어다 쓰면 국력이 약해질 수밖에 없다. 전쟁이 길어진다면 적국에서 농사를 짓는 한이 있더라도 식량을 적에게서 구하는 것이 훌륭한 장수의 역할이다. 개인적인 사업에도 가족에게 손을 벌리더라도, 이후에는 매출을 일으키고 투자자를 찾아 자본을 조달해야지, 다시 가족을 찾으면 안 된다.

물자 수송의 어려움

國之貧於師者 遠輸 遠輸則百姓 貧
국 지 빈 어 사 자 원 수 원 수 즉 백 성 빈

나라가 전쟁으로 가난해지는 것은
먼 곳까지 군수품을 수송하기 때문이다.
먼 곳까지 군수품을 수송하면 백성이 가난해진다.

군수품을 먼 곳까지 수송하려면 자원과 노력이 많이 들어간다. 군수품을 마련하는 것 자체도 힘든 일인데, 수송하는 인력이 있어야 하고, 혹시 모를 기습에 대비하여 병력도 동원되어야 한다. 물건을 싣고 갈 수레와 그 수레를 끌 가축도 필요하다. 농사짓는 데 써야 할 가축이 수송에 쓰이니 농산물의 생산도 줄어든다. 운송수단이 발달하지 않은 시대에 전쟁을 위한 원거리 수송은 국가적인 자원 낭비였다. 먼 적진에서 싸울 때 전쟁을 빨리 끝내야 하는 이유다.

군영 근처의 물가가 오르면서
백성들이 힘들어진다

近於師者 貴賣 貴賣則百姓 財竭 財竭則急於丘役
근 어 사 자 귀 매 귀 매 즉 백 성 재 갈 재 갈 즉 급 어 구 역

군영 근처는 물가가 오른다.

물가가 오르면 백성의 재정이 고갈된다.

재정이 고갈되면 부역의 부담이 빠르게 늘어난다.

'구(丘)'는 고대 중국에서 부역을 지우는 기본 단위로, 144가구를 말한다. 144가구를 1구, 4구(576가구)를 1전(甸)으로 묶어, 전쟁이 나면 군마와 전차, 군인 등을 징발했다.

군대가 주둔한 곳에는 수요가 많으니 물건이 귀하다. 물건이 귀하면 물가가 올라간다. 물가가 오르면 그 근처에 사는 백성들의 경제적인 상황이 악화된다. 재정이 고갈되니 부역의 부담이 커질 수밖에 없다.

긴 전쟁으로 백성들의 괴로움이 커진다

力屈財殫 中原內虛於家 百姓之費 十去其七
역 굴 재 탄 중 원 내 허 어 가 백 성 지 비 십 거 기 칠

(전쟁으로) 국력이 소진되고 재정이 바닥나면,

중원 안으로 집이 텅 비게 된다.

백성들의 비용은 10분의 7이 사라진다.

    중원은 황하 유역의 옛 중국 문화 중심지를 말한다. 오랜 전쟁으로 백성들의 삶이 피폐해진 데다가 지나친 부역의 부담까지 지면, 백성들은 땅을 버리고 도망간다. 그러니 살기 좋은 중심지마저도 텅 비어 버린다. 전쟁으로 가장 핵심적인 지역마저 피폐해진다는 말이다. 심지어 백성들이 가진 재산의 10분의 7이 사라진다고 한다. 그만큼 전쟁은 백성들의 삶에 심각한 위협이 될 수 있는 일이니, 신중하지 않을 수 없다.

장기전으로 국가 재정도 파탄 난다

公家之費 破車罷馬 甲冑矢弩 戟楯矛櫓
공 가 지 비 파 거 파 마 갑 주 시 노 극 순 모 로

丘牛大車 十去其六
구 우 대 거 십 거 기 륙

국가의 비용은 부서진 전차, 병들고 지친 말, 갑옷과 투구,
화살과 쇠뇌, 극과 방패, 창과 큰 방패, 소와 큰 수레를 유지하는 데
10분의 6이 사라진다.

국가가 가진 재산도 전쟁 비용을 충당하느라 바닥난다. 전쟁통에
전차는 부서지기 마련이고, 말은 병들고, 병장기도 녹슬고 부서진다.
국가 재정의 10분의 6이 사라진다고 할 정도이니, 이런 모든 것을 유
지하고 관리하는 데 드는 비용이 만만치 않다는 것을 알 수 있다. 특
히 수송에 동원되는 소는 농사를 짓는 데 핵심적인 수단으로, 전쟁이
길어지면 후방의 식량 생산에도 심각한 차질이 생긴다. 장기전으로
갈수록 국가의 재정은 파탄 나기 쉬운 것이다.

개인적으로 어떤 일을 할 때도 시간이 지연되면서 비용이 기하급
수적으로 늘어난다면 적절한 시점에 승부를 내야 한다.

적의 식량을 빼앗으면 20배 이득이다

故 智將 務食於敵
고 지 장 무 식 어 적

食敵一種 當吾二十種 其秆一石 當吾二十石
식 적 일 종 당 오 이 십 종 기 간 일 석 당 오 이 십 석

그러므로 지혜로운 장수는 적의 식량을 빼앗는 데 힘쓴다.
적의 식량 1종(10섬)을 먹으면 아군의 식량 20종(200섬)과 같고,
적의 콩깍지와 볏짚 1석(1섬)은 아군의 20섬과 같다.

손자는 적의 식량을 현지에서 빼앗아 먹으면 20배나 이득이라고
한다. 그 이유는 무엇일까? 앞서 말한 것처럼 본국에서 군수품을 수
송하는 것은 굉장히 비효율적이다. 전장에서 먹는 밥 한 공기는 한
공기가 아니라 열 공기 이상의 비용이 드는 것이다. 그런 수송 비용
없이 현지에서 식량을 조달하면 이익이 크다. 또한, 식량을 빼앗는
만큼 적의 힘을 약하게 할 수 있다. 이를 두고 비열하다고 비판할 수
도 있지만, 전쟁이라는 상황 자체가 이미 비열하게 적을 죽이고 내가
사는 것이다. 남의 식량을 빼앗더라도 양측의 피해를 최소화하고 빨
리 전쟁을 끝내는 것이 낫다.

적의 물자와 병력을 내 것으로 만들어라

故 殺敵者 怒也 取敵之利者 貨也
고 살 적 자 노 야 취 적 지 리 자 화 야

그러므로 적을 죽이려면 군사들에게 적개심을 갖게 하고,

적의 재물을 취하려면 군사들에게 상을 주어야 한다.

전쟁을 빨리 끝내려면 아군의 사기를 끌어올리고 적군에 대한 적
개심을 갖게 해야 한다. 승패가 결정된 후에는 적개심을 자극할 필요
없지만, 전쟁 상황에서는 빠른 승리를 위해 군사들의 심리도 적절히
활용하는 것이 현명하다. 전쟁이 길어지는 것이 아군과 적군 모두에
게 오히려 더 무자비하고 비인간적인 것이기 때문이다. 상을 주어 적
의 물자를 빼앗는 것을 독려해야 아군의 군사력을 빠르게 보강할 수
있다.

이기면 이길수록 더 강해진다

故 車戰 得車十乘已上 賞其先得者
고 거 전 득 거 십 승 이 상 상 기 선 득 자

而更其旌旗 車雜而乘之 卒善而養之 是謂勝敵而益強
이 경 기 정 기 거 잡 이 승 지 졸 선 이 양 지 시 위 승 적 이 익 강

그러므로 전차전에서 적의 전차 10대 이상을 노획하면

가장 먼저 획득한 자에게 상을 준다.

적 전차의 깃발을 우리 것과 바꾸고,

아군의 전차와 섞어 타며 적병들을 잘 먹인다.

이것이 이기면 이길수록 더욱 강해진다고 말하는 것이다.

　전쟁에서는 적이든 아군이든 전력의 손실을 최소화하는 것이 좋다. 적의 전력은 상황이 바뀌면 아군 전력으로 전환할 수 있기 때문이다. 빼앗은 전차와 병기, 가축, 식량 등은 아군이 바로 활용할 수 있다. 문제는 군사인데, 사로잡은 적도 잘 대우해주면 종종 아군으로 돌아설 수 있다. 특히 춘추시대의 전쟁에서 군사들은 제후들의 권력 다툼에 희생양이 되는 일이 많아 아군으로 포섭할 수 있었다. 소모된 전력은 승리해서 얻은 군사와 자원으로 보충하면서 싸워가면, 승리가 승리를 부르는 상황을 지속할 수 있다. 비정한 전쟁의 경제학이다.

빨리 승리를 쟁취해야 한다

故 兵貴勝 不貴久
고 병귀승 불귀구

그러므로 전쟁은 승리를 귀하게 여기는 것이지,
오래 끄는 것을 귀하게 여기지 않는다.

전쟁에서 공격하는 쪽은 반드시 속전속결로 승리해야 한다. 다른 나라의 침략에 맞서 버티는 쪽은 오히려 지구전으로 상대가 지치기를 기다리면서 전쟁을 질질 끌 수도 있다. 성문을 닫고 수비하면서 버티면 적군의 식량이 떨어지고, 경제적인 어려움이 커지며, 계절 변화로 추위나 더위가 군사들을 지치게 할 수 있기 때문이다. 손자의 관점에서는 타국을 공격하는 쪽에서 전쟁을 오래 끄는 것은 장수의 무능함을 증명하는 것밖에 되지 않는다.

리더의 막중한 책임

故 知兵之將 民之司命 國家安危之主也
고 지병지장 민지사명 국가안위지주야

그러므로 전쟁의 본질을 아는 장수가
백성의 생명을 주관하고 국가의 안위를 책임지는 주인이다.

'사명(司命)'은 '생명을 주관하는 신(神)'을 가리킨다. 손자는 전쟁을
이끄는 장수가 신과 같은 존재라고 말하고 있다. 그냥 장수가 아니라
전쟁의 본질을 정확하게 꿰뚫고 있는 장수가 그렇다는 것이다.

전쟁의 본질은 무엇인가? 국가의 존망과 백성의 목숨을 담보로 도
박하는 것이다. 적과 나에 대해 철저하게 분석해 계책을 잘 세워야
한다. 적을 속이고, 적의 물자를 빼앗는 비열한 짓을 하는 한이 있더
라도 오래 끌지 말고 속전속결로 승리를 얻어야 한다.

夫純兵挫銳 屈力殫貨 則諸侯 乘其弊而起
부둔병좌예 굴력탄화 즉제후 승기폐이기
雖有智者 不能善其後矣
수 유 지 자 불 능 선 기 후 의

무릇 군사들이 둔해지고 사기가 꺾이며,

힘이 모자라고 재정이 바닥나면,

다른 제후들이 그 피폐함을 틈타 일어난다.

비록 지혜로운 자가 있다 하더라도

뒷일을 수습할 수 없다.

반드시 승리하는 방법을 알려면

모공편 謀攻篇

'모(謀)'는 '계략, 전략'을 말하고, '공(攻)'은 '공격'이다.
상대를 공격할 때는 힘보다는 계략으로 하라는 것이다.
계략으로 적을 이기면 섬멸하지 않고 온전하게 보전할 수 있다.
그러면 이긴 뒤에 얻을 것이 더 많아진다.
이 편에서 가장 유명한 말은
'지피지기 백전불태(知彼知己 百戰不殆)'라는 말이다.
적과 나의 상황과 전술을 파악하고,
계략으로써 적을 이겨야 함을 강조하고 있다.

적을 온전히 하여 이기는 것이 상책이다

孫子曰 凡用兵之法 全國爲上 破國次之
손 자 왈 범 용 병 지 법 전 국 위 상 파 국 차 지
全軍爲上 破軍次之 全旅爲上 破旅次之
전 군 위 상 파 군 차 지 전 려 위 상 파 려 차 지
全卒爲上 破卒次之 全伍爲上 破伍次之
전 졸 위 상 파 졸 차 지 전 오 위 상 파 오 차 지

무릇 군대를 사용하는 법은 적의 나라를 온전히 하는 것이 상책이고, 쳐부수
는 것은 그다음이다. 적의 군(軍)을 온전히 하는 것이 상책이고, 쳐부수는 것
은 그다음이다. 적의 려(旅)를 온전히 하는 것이 상책이고, 쳐부수는 것은 그
다음이다. 적의 졸(卒)을 온전히 하는 것이 상책이고, 쳐부수는 것은 그다음이
다. 적의 오(伍)를 온전히 하는 것이 상책이고, 쳐부수는 것은 그다음이다.

여기에 나오는 군(軍), 려(旅), 졸(卒), 오(伍)는 군부대의 단위로, 1군
은 12,500명, 1여는 500명에서 2,000명, 1졸은 100명에서 200명, 1
오는 5명을 말한다.

전쟁의 목적은 상대의 것을 빼앗아 이익을 얻는 것이다. 적을 완전
히 궤멸시켜 버린다면 승리하더라도 얻을 것이 없다. 적을 최대한 온
전하게 보전한 상태로 이기는 것이 상책이다. 그러려면 전투를 최소
화하고 적의 항복을 얻어내야 한다.

싸우지 않고 이기는 것이 최상이다

是故 百戰百勝 非善之善者也
시 고 백 전 백 승 비 선 지 선 자 야

不戰而屈人之兵 善之善者也
부 전 이 굴 인 지 병 선 지 선 자 야

그러므로 백 번 싸워 백 번 이기는 것이 가장 좋은 것은 아니다.
싸우지 않고 적을 굴복시키는 용병이 가장 좋은 방책이다.

백 번 싸워 백 번 이기더라도 그 싸움 속에서 아군과 적군의 손실
이 있다. 일단 싸우기 시작하면 전쟁으로 얻는 이익은 점점 더 줄어
든다. 그러니 싸우지 않고 이기는 것이 최상이다. 싸우지 않고 이기
려면 전쟁을 최후의 수단으로 돌리고, 다른 방법으로 상대를 굴복시
켜야 한다.

개인적으로도 다른 사람을 내 뜻대로 움직이게 하려면 완력을 앞
세워서는 안 된다. 대화를 통해 설득하거나, 심리적으로 굴복시키거
나, 주위의 다른 사람들을 내 편으로 만드는 등 다양한 방법을 활용해
야 한다.

적의 계략을 미리 간파하고
무너뜨리는 것이 상책이다

故 上兵 伐謀 其次 伐交 其次 伐兵 其下 攻城
고 상병 벌모 기차 벌교 기차 벌병 기하 공성

그러므로 용병에서 상책은 적의 계략을 무너뜨리는 것이고,

그다음은 적의 외교 관계를 공격하는 것이며,

그다음은 군대를 공격하는 것이고,

가장 하책은 성을 공격하는 것이다.

고대의 전쟁을 다룬 많은 영화에서 공성전 장면을 실감나게 보여 준다. 공성전은 그만큼 볼거리가 많고 웅장하고 화려하기 때문이다. 하지만 실전에서 공성전은 최하책이다. 준비에 많은 시간이 걸리고, 공격하는 쪽에 희생이 많을 수밖에 없기 때문이다. 성문을 닫아걸고 죽기로 지키려고 하는 적을 이기기는 쉽지 않다.

상대가 준비한 계략을 무너뜨리고, 적의 동맹을 내 편으로 만들어 심리적으로 압박하는 것이 더 현명한 방법이다.

공성전은 부득이할 때만 사용한다

攻城之法 爲不得已
공 성 지 법 위 부 득 이

修櫓轒轀 具器械 三月而後成
수 로 분 온 구 기 계 삼 월 이 후 성

距闉 又三月而後已
거 인 우 삼 월 이 후 이

성을 공격하는 방법은 어쩔 수 없을 때 사용한다.

노(櫓, 큰 방패 혹은 망루)와 분온(轒轀, 공성용 전차)을 수리하고 기구를 갖추는 데

만 3개월 이상 걸리고, 토산을 쌓는 데 또 3개월 이상 걸린다.

탁 트인 평지에서 군사들이 맞붙는 전투와는 달리 성을 공격하려면 많은 준비가 필요하다. 성을 오르려고 하면 적이 끓는 물이나 기름을 부어댄다. 혹은 커다란 돌을 던지기도 한다. 이런 것들을 막아내려면 큰 방패나 아군을 보호해주는 전차가 필요하다. 성벽 위에서 내려다보며 활을 쏘는 적에 비해 아군은 불리하다. 비슷한 조건을 만들기 위해서는 토산을 쌓기도 한다. 이렇게 기구를 준비하고 토산을 쌓는 데 반년 이상 지나버린다. 앞서 보았듯이 전쟁은 길게 끌면 안 된다. 공성전은 최후의 방법으로 하고 피하는 것이 현명하다.

성안에 있는 적을
계책 없이 공격하는 것은 재앙이다

將不勝其忿 而蟻附之
장 불 승 기 분 이 의 부 지
殺士卒三分之一 而城不拔者 此攻之災也
살 사 졸 삼 분 지 일 이 성 불 발 자 차 공 지 재 야

장수가 노여움을 참지 못하고 개미 떼처럼 성벽을 오르게 하면
3분의 1의 군사를 죽게 하고도 성을 함락시키지 못하는 경우가 있다.
이것은 (섣부른) 공격에서 비롯된 재앙이다.

앞서 살펴본 것처럼 공성전을 위해서는 여러 가지 준비가 필요하고, 반년 이상 시간이 걸릴 수도 있다. 준비가 완료되기 전에는 적의 심리전에 말려들어 싸우지 말아야 한다. 어리석게도 장수가 적의 심리전에 걸려들어 노여움을 참지 못하면, 아군의 손실이 크다. 성안에서 만반의 준비를 마치고 있는 적에게 별다른 계책 없이 덤벼들면 군사를 수없이 잃고도 성을 함락시킬 수 없다.

군사들에게 단순히 성벽을 기어오르게 하기 전에, 최소한 성안에 첩자를 몰래 잠입시키거나 물길을 끊어 적군의 사기를 떨어뜨리는 것과 같은 계책을 써야 할 것이다.

지혜롭게 승리하는 길

故 善用兵者 屈人之兵 而非戰也 拔人之城 而非攻也
고 선 용 병 자 굴 인 지 병 이 비 전 야 발 인 지 성 이 비 공 야

毀人之國 而非久也 必以全 爭於天下
훼 인 지 국 이 비 구 야 필 이 전 쟁 어 천 하

故 兵不頓而利可全 此 謀攻之法也
고 병 불 돈 이 리 가 전 차 모 공 지 법 야

그러므로 용병을 잘 하는 자는 군사를 굴복시키지만 싸우지 않고,

적의 성을 빼앗지만 공격하지 않으며,

적의 나라를 무너뜨리지만 오래 끌지 않고,

반드시 적을 온전하게 하여 천하를 다툰다.

그러므로 군사를 상하게 하지 않고도 이익을 온전히 얻는다.

이것이 바로 계략으로 공격하는 방법이다.

승리는 지혜롭게 해야 한다. 지혜롭게 승리하는 방법이 바로 '싸우지 않는 것(非戰)', '공격하지 않는 것(非攻)', '오래 끌지 않는 것(非久)'이다. 전쟁은 숫자로 하는 것이 아니라 사람이 하는 것이다. 6만 명과 4만 명이 처절하게 싸워 양측에서 각각 3만 명이 전사하고 4만 명만 남는 것이 승리가 아니다. 계략으로 공격하여 항복을 받아내면 10만 명을 온전히 얻을 수 있다.

병력 규모에 따라 다른 전술을 구사한다

故 用兵之法 十則圍之 五則功之 倍則分之
고 용병지법 십즉위지 오즉공지 배즉분지
敵則能戰之 少則能逃之 不若則能避之
적즉능전지 소즉능도지 불약즉능피지

그러므로 용병의 원칙은 아군이 10배의 병력이면 적을 포위하고
5배면 적을 공격하며, 2배면 적을 분산시킨다.
병력이 대등하면 응당 싸울 것이요, 적보다 적으면 피한다.
아군 병력이 훨씬 적다면 물러나야 한다.

장수는 상황에 따라 다양한 전술을 구사해야 한다. 손자는 아군과 적군의 규모에 따라 병력을 운용하는 방법을 제시하고 있다. 아군의 병력이 상대의 10배 정도 된다면 포위해서 압박할 수 있다. 5배 정도 규모라면 먼저 자신 있게 공격할 만하다. 2배의 병력이라면 정면 승부보다는 적을 분산시켜 각개격파한다. 적보다 아군의 수가 적으면 되도록 싸우지 않고 피한다.

이것은 하나의 예시이지 금과옥조로 여길 것은 아니다. 장수의 기량, 군사들의 무기, 지리적 상황 등 실제 전투에서는 다른 고려 요소가 많다. 핵심은 이기지 못할 싸움은 하지 않는 것이다.

무엇이 이익인지 판단해야 한다

故 小敵之堅 大敵之擒也
고 소 적 지 견 대 적 지 금 야

그러므로 적은 병력으로 견고하게 버티면
강대한 적에게 사로잡히게 된다.

아군의 병력이 적보다 적다면 피하는 것이 상책이다. 소수의 병력으로 다수의 적을 맞이하는 것은 패배할 확률이 높다. 운 좋게 이기더라도 심각한 피해가 따른다. 손자에 의하면 조금이라도 불리한 싸움은 하는 것이 아니다.

만약 장수가 후퇴한 것 때문에 문책당할 것이 두려워 버틴다면 자신뿐만 아니라 따르는 군사들에게까지 해를 입힌다. 훌륭한 장수라면 자신의 공적을 생각하지 말고, 전체의 이익이 되는 방향으로 결정해야 한다.

장수는 나라를 보좌하는 자

夫將者 國之輔也 輔周則國必强 輔隙則國必弱
부장자 국지보야 보주즉국필강 보극즉국필약

무릇 장수는 나라와 군주를 보좌하는 자다.
이에 빈틈이 없으면 나라는 반드시 강성해지지만,
군주와 장수 사이에 틈이 생기면 나라는 반드시 약해진다.

장수는 평시에는 국가를 방어하고, 전시에는 적과 싸우는 것으로 군주를 보좌한다. 군주는 장수에게 믿음을 주고, 장수는 군주와 나라에 충성해야 국력이 강해진다. 이 둘 사이에 신뢰가 흔들리면 국가의 힘이 분산될 수밖에 없다. 군주가 장수에게 신뢰를 주지 않으면 장수의 권위가 흔들리고 군대의 체계가 무너진다. 군주와 장수는 각자 맡은 본분이 있다. 직분의 경계를 잘 지켜야 한다.

군주는 작전에 간섭하지 말아야 한다

故 君之所以患於軍者三
고 군 지 소 이 환 어 군 자 삼

不知軍之不可以進 而謂之進
부 지 군 지 불 가 이 진 이 위 지 진

不知軍之不可以退 而謂之退 是謂縻軍
부 지 군 지 불 가 이 퇴 이 위 지 퇴 시 위 미 군

그러므로 군주가 군대에 해를 끼치는 경우가 세 가지 있다.

먼저, 군대가 진격하면 안 되는 상황인데 진격하라고 하는 것과

군대가 후퇴하면 안 되는 상황인데 후퇴하라고 하는 것이다.

이것을 군대를 얽어매는 것이라 한다.

군주가 장수에게 군대의 지휘를 맡겼으면 완전히 신뢰하고 간섭하지 말아야 한다. 전투에서는 적의 동태, 기상의 변화, 동맹군의 움직임 등 상황의 변화에 신속하게 대응하는 것이 중요하다. 따라서 군대의 나아감과 물러감, 공격 시점 등의 판단은 전장의 장수가 해야 한다. 군주가 장수의 지휘권에 간섭하는 것은 소에 코뚜레를 꿰어 끌고 다니는 것처럼 군대를 좌지우지하려는 어리석은 시도다.

군주는 군정에 간여하거나
직책을 맡으려 하면 안 된다

不知三軍之事 而同三軍之政者 則軍士惑矣
부 지 삼 군 지 사　이 동 삼 군 지 정 자　즉 군 사 혹 의
不知三軍之權 而同三軍之任 則軍士疑矣
부 지 삼 군 지 권　이 동 삼 군 지 임　즉 군 사 의 의

삼군(三軍, 모든 군대)의 사정을 알지 못하면서 군사 행정에 간섭하면 군사들은 미혹된다.
삼군의 권한을 알지 못하면서 삼군의 직책을 맡으려 하면 군사들이 의혹을 품는다.

군주가 군대 안의 행정적인 일이나 권한에 간여하는 것도 문제다. 군대의 유지와 관리를 위해 필요한 지휘 체계, 인사, 조직 변경 등 행정업무에 왕의 입김이 들어가면 군사들이 혼란스러워하고, 장수는 제 역량을 발휘하지 못한다. 특히 군사들에게는 지휘관이 중요하다. 군주가 능력도 되지 않으면서 스스로 지휘를 맡으면, 군사들은 지휘 능력을 의심할 수밖에 없다. 이렇게 군대가 혼란에 빠지면 전투력이 약해지고, 그간 움직이지 않았던 잠재적인 적들도 움직이기 시작한다.

아군을 어지럽히는 것은 적을 돕는 것이다

三軍 旣惑且疑 則諸侯之難 至矣
삼 군 기 혹 차 의 즉 제 후 지 난 지 의

是謂亂軍引勝
시 위 난 군 인 승

삼군이 미혹되고 의혹에 휩싸이면 제후들의 침략을 받게 된다.

이것을 '아군을 어지럽게 하여 적이 승리하도록 이끈다(亂軍引勝)'라고 하는

것이다.

전쟁을 승리로 이끌려면 군주와 장수, 군사들 간의 신뢰가 무엇보다 중요하다. 군주가 장수를 신뢰하지 않고 작전이나 행정, 지휘권에 간여하면, 장수는 충성심이 약해지고, 군사들은 군사들대로 지도부의 단결과 지휘에 의혹을 품는다. 내부적으로 신뢰가 무너지는 것이다. 신뢰가 무너지면 적과 싸우기도 전에 힘이 약해진다. 전쟁을 하기도 전에 지고 시작하는 것이다. 군주의 잘못으로 아군을 어지럽히고 적에게 승리를 갖다 바치는 꼴이다.

싸움에서 이기는 다섯 가지 조건

故 知勝 有五 知可以戰 與不可以戰者 勝
고 지승 유오 지가이전 여불가이전자 승

識衆寡之用者 勝 上下同欲者 勝
식 중과지용자 승 상하동욕자 승

以虞待不虞者 勝 將能而君不御者 勝 此五者 知勝之道也
이 우대불우자 승 장능이군불어자 승 차오자 지승지도야

그러므로 승리를 미리 아는 다섯 가지 방법이 있다.

첫째, 싸워야 할 때와 싸우지 말아야 할 때를 아는 자는 승리한다.

둘째, 병력의 많고 적음에 따른 용병법을 아는 자는 승리한다.

셋째, 위(군주, 장수)와 아래(군사, 백성)의 뜻이 같으면 승리한다.

넷째, 미리 준비하면서 준비하지 못한 적을 기다리는 자는 승리한다.

다섯째, 장수가 유능하고 군주가 간섭하지 않으면 승리한다.

음식 맛을 보지 않아도 재료와 레시피를 보면 그 맛을 대강 짐작할 수 있다. 전쟁도 마찬가지다. 전쟁 전 상황을 살펴보면 승패를 예상할 수 있다. 싸워야 할 때와 물러서야 할 때를 알고, 유능한 장수가 있어야 승리할 확률이 높다. 장수와 군사가 뜻이 같으면 승리할 수 있다. 여기서 '싸워도 될 때'는 시점만을 의미한다기보다는 상황을 종합적으로 고려하여 판단하는 것이다.

적을 알고 나를 알면 위태롭지 않다

故 曰 知彼知己 百戰不殆
고 왈 백전불태 백전불태

不知彼而知己 一勝一負
부 지 피 이 지 기 일 승 일 부

不知彼不知己 每戰必殆
부 지 피 부 지 기 매 전 필 태

그러므로 말한다. 적을 알고 나를 알면 백 번을 싸워도 위태롭지 않다.

적을 알지 못하고 나만 알면 한 번은 이기고 한 번은 질 것이다.

적을 알지 못하고 나도 알지 못하면 싸울 때마다 반드시 위태롭게 된다.

'지(知)'는 객관적인 상황에 대한 정보뿐만 아니라 전략, 전술을 파악하는 것이다. 그저 두루뭉술하게 인지하는 정도가 아니라 확실하게 이해하는 것이고, 수집된 정보를 바탕으로 궁리하여 대비책을 마련하는 것까지 포함되는 앎이다. 아군과 적군 어느 한쪽만 아는 것은 패배할 위험을 줄일 수는 있지만 위태롭다. 반드시 적과 아군을 모두 알아야 한다. 그렇다고 해서 반드시 이길 수 있는 것은 아니다. 전쟁에는 워낙 많은 변수가 있기에 손자는 '백 번 싸워 백 번 이길 수 있다'라고 단정적으로 말하지 않고, '적을 알고 나를 알면 위태롭지 않다'라고 여지를 남겨두었다.

승부에서 우위를 선점하려면

군형편 軍形篇

'군형(軍形)'은 '군대의 형세'로,
군사의 수, 진형, 무기, 보급, 생산력 등
물리적인 전투력을 말한다.
충분히 우세한 군형(軍形)을 만들어
확실히 이길 수 있는 상황에서 싸우는 것이 용병을 잘하는 것이다.
이 편에서는 철저히 준비된 상태에서
이미 패한 적을 제압할 것을 강조하고 있다.

먼저 적이 승리할 수 없도록 한다

孫子曰 昔之善戰者 先爲不可勝 以待敵之可勝
손자왈 석지선전자 선위불가승 이대적지가승
不可勝在己 可勝在敵
불가승재기 가승재적

손자가 말하였다.

옛적에 전쟁을 잘하는 장수는 먼저 적이 승리할 수 없도록 해놓고,

자신이 적에게 승리할 수 있기를 기다렸다.

적이 승리할 수 없는 것은 자신에게 달려 있고,

자신이 적에게 승리하는 것은 적에게 달려 있다.

승리는 자신에게만 달린 것이 아니다. 내가 아무리 많은 준비를 하
더라도 상대의 준비가 탄탄하고, 상황 변화에 따른 대처가 뛰어나다
면 쉽게 이기기 힘들다. 아군의 승리는 결국 상대에게 달려 있다. 마
찬가지로 적의 승리도 나에게 달려 있다. 즉, 상대가 쉽사리 이기지
못하게 대비할 수가 있다는 말이다. 아군의 대비가 완전하면 적은 승
리할 수 없다. 유능한 장수는 필승보다는 불패를 목표로 삼는다.

반드시 승리하는 것은 장담하기 어렵다

故 善戰者 能爲不可勝 不能使敵必可勝
고 선 전 자 능 위 불 가 승 불 능 사 적 필 가 승

故 曰 勝可知 而不可爲
고 왈 승 가 지 이 불 가 위

그러므로 전쟁을 잘하는 장수는 적이 승리하지 못하도록 할 수는 있지만,

적으로 하여금 자신이 적에게 반드시 승리하도록 할 수는 없다.

그러므로 승리는 미리 알 수는 있지만, 만들지는 못한다고 하는 것이다.

　　손자는 '형(形)'을 강조했다. '형(形)'은 기본적으로 아군과 적군의 배치형태를 말한다. 그리고 상황의 변화에 따라 유기적으로 변화하는 전력 배치까지 포함한 의미이다. 아군의 형(形)에 빈틈이 없다면 적은 승리를 얻을 수 없다. 마찬가지로 적군의 형(形)이 완벽해도 내가 승리하기 어렵다. 아무리 좋은 계책을 세운다고 하더라도 적의 형(形)에 빈틈이 생기지 않으면 통하지 않는다. 적군이 단단할 때는 균열을 기다려야 한다.

상황에 따라 지킬지 공격할지 판단한다

不可勝者 守也 可勝者 攻也
불 가 승 자 수 야 가 승 자 공 야

승리할 수 없는 자는 지키고, 승리할 수 있는 자는 공격한다.

공격은 쉽게 결정할 수 있는 것이 아니다. 절대적으로 우세한 경우에만 공격하는 것이 정석이다. 여기서 '승리할 수 없는 자'는 '승리할 수 없는 형(形)'을 가진 쪽이다. 적군의 형(形)이 우세하고 아군의 형(形)이 약하다면 절대 공격하면 안 된다. 굳게 지켜야 한다. 전쟁은 강함과 강함의 부딪침이 아니다. 적의 가장 약한 곳을 찾아내어 나의 가장 강한 힘으로 공격하여 신속하게 승리를 얻는 것이다. 애매한 상황에서 싸우면 이기더라도 손실이 크다.

힘에 여유가 있을 때 공격한다

守則不足 攻則有餘
수 즉 부 족 공 즉 유 여

지키는 것은 부족하기 때문이고, 공격하는 것은 여유가 있기 때문이다.

장수가 전쟁에서 자존심을 내세우거나 감정적으로 대처해서는 안된다. 상황을 객관적으로 판단하고, 아군과 적군 중 어느 쪽이 우세한지 정확하게 판단하고 움직여야 한다. 적군의 세력이 강할 때는 어설픈 책략을 쓰려고 하지 말고 수비를 하는 것이 현명하다. 장수가 별다른 대책도 없이 '한번 자웅을 겨뤄보자' 하고 군사들을 전쟁터로 내모는 것만큼 어리석은 일도 없다. 병력이나 무기, 지리적인 상황 등 많은 면에서 상대보다 힘의 여유가 있을 때 공격하는 것이 현명하다.

수비와 공격을 잘하는 법

善守者 藏於九地之下 善攻者 動於九天之上
선 수 자 장 어 구 지 지 하 선 공 자 동 어 구 천 지 상
故 能自保而全勝也
고 능 자 보 이 전 승 야

수비를 잘하는 자는 아주 깊은 땅속에 숨은 것처럼 하고,
공격을 잘하는 자는 아주 높은 하늘 위에서 움직이는 것처럼 한다.
그러므로 스스로 보전하면서 온전한 승리를 거둘 수 있다.

'9(九)'라는 숫자는 산술적인 9가 아니라, '꽉 찼다, 극에 이르렀다'는 의미다. 따라서 '구지(九地)'는 아주 깊은 땅속, '구천(九天)'은 아주 높은 하늘을 뜻한다.

수비할 때는 아군의 전력이 상대보다 못하다고 판단할 때다. 이때 상대에게 아군의 전력이 드러나면 곤란하다. 마치 땅속 깊은 곳에 숨듯, 아군의 역량이 드러나지 않도록 해야 한다.

반대로 공격할 때는 아군의 전력이 우세하다고 판단할 때다. 우세한 상황에서는 과감하게 움직인다. 높은 하늘에서 수직 강하해 먹이를 낚아채는 매처럼, 아군의 사기와 전력을 최고 수준으로 끌어올려 단숨에 공격한다.

세상에 드러나는 승리는 최선이 아니다

見勝 不過衆人之所知 非善之善者也
견 승 불 과 중 인 지 소 지   비 선 지 선 자 야

戰勝而天下曰善 非善之善者也
전 승 이 천 하 왈 선   비 선 지 선 자 야

승리의 기회(방법)를 발견한 것이 뭇사람들이 아는 바에 지나지 않는다면
잘한 것 중 잘한 것이 아니다.
전쟁에 이겨서 온 천하가 잘했다고 말한다면
잘한 것 중 잘한 것이 아니다.

　많은 사람이 쉽게 알 수 있는 승리는 최상의 승리가 아니다. 쉽게 알 수 있다는 말은 조용히 승리한 것이 아니라 한바탕 큰 전투를 치르거나, 이기기 힘든 상황에서 극적으로 이기는 것이다. 소수의 병력으로 다수의 적을 무찌르는 식으로 영웅담과 무용담이 가득한 싸움을 하는 경우다. 뛰어난 장수는 애초에 이런 방식으로 싸우지 않는다. 조용히 적의 약점과 허를 찌르고 무너뜨려 승리를 얻어낸다. 크게 싸우지 않고 이기는 방식을 택한다.

천둥소리를 듣는다고 귀가 밝은 게 아니다

故 擧秋毫不爲多力 見日月不爲明目
고 거 추 호 불 위 다 력 견 일 월 불 위 명 목

聞雷霆不爲聰耳
문 뢰 정 불 위 총 이

그러므로 가을 짐승의 가느다란 털을 든다고 힘이 세다고 하지 않고,

해와 달을 본다고 눈이 밝다고 하지 않으며,

천둥소리를 듣는다고 귀가 밝다고 하지 않는다.

가벼운 털은 누구나 들 수 있다. 그걸 든다고 진짜 힘이 센 것이 아니다. 해나 달은 항상 밝다. 그것을 본다고 눈이 밝은 것이 아니다. 천둥소리는 귀를 막아도 들린다. 천둥소리를 듣는다고 귀가 밝은 게 아니다.

마찬가지로, 우세한 전력으로 별다른 계책 없이 요란하게 전투를 벌여 상대를 이기는 것은 유능한 장수가 아니라도 할 수 있다. 사람들이 다 아는 소모적인 방식으로 싸우는 것은 결코 좋은 승리가 아니다.

명성 없이 승리하는 것이 잘하는 싸움이다

古之所謂善戰者 勝於易勝者也
고 지 소 위 선 전 자 승 어 이 승 자 야

故 善戰者之勝也 無智名 無勇功
고 선 전 자 지 승 야 무 지 명 무 용 공

옛적에 전쟁을 잘한다고 일컫는 사람은
쉽게 이길 수 있는 상대에게 승리했다.
그러므로 전쟁을 잘하는 사람의 승리는 지혜롭다는 명성도 없고,
용맹한 공적도 없다.

쉽게 이길 수 있는 상황을 만들어 승리하는 것이 현명한 전쟁 방법
이다. 뛰어난 장수는 적의 약점을 공략해 빠르게 승리를 거두기 때문
에, 그 공적이 눈에 띄지 않고 명성도 별로 없다. 하지만 이런 전쟁에
서는 군사와 물자가 크게 상하지 않는다. 장수 개인의 명성은 크게 높
아지지 않을지 몰라도, 전쟁을 수행하는 나라의 입장에서는 반길 만한
일이다.

개인 간의 싸움에서도 고수는 화려한 기술을 쓰지 않고 상대의 약점
을 간단한 기본 동작으로 공격해 제압한다.

이미 패한 상대에게 이긴다

故 其戰勝不忒 不忒者 其所措必勝 勝已敗者也
고 기전승불특 불특자 기소조필승 승이패자야

그러므로 싸워서 승리하는 데 어긋남이 없다.

어긋남이 없다는 것은 반드시 승리하도록 조치하여,

이미 패한 상대에게 승리를 거두기 때문이다.

승리에 어긋남이 없다는 것은 강함으로 약함을 공략하는 것이다. 이를테면, 먼 길을 행군하느라 지친 적을 기습한다거나, 적진에 병이 돌아 전투력이 떨어졌을 때 공격하는 것처럼 준비된 병력으로 준비되지 않은 상대를 공격한다. 혹은 나의 가장 강력한 무기로 적의 가장 약한 부분을 공격한다. 예를 들어, 아군이 지상전보다 해상전에 능숙하고 적이 반대의 상황이라면, 땅에서는 수비에 전념하고, 수군으로 적을 공격한다. 싸우기 전에 적이 패배할 만한 상황을 만드는 것이다.

적의 패배를 놓치지 않는다

故 善戰者 立於不敗之地 而不失敵之敗也
고 선 전 자 입 어 불 패 지 지 이 불 실 적 지 패 야

그러므로 전쟁을 잘하는 사람은

패하지 않을 위치에서 적의 패배를 놓치지 않는다.

손자가 확실히 우세할 때 싸우라고 했지만, 한쪽이 압도적으로 우세한 경우는 그렇게 많지 않다. 엇비슷한 전투력을 가진 상황에서 싸울 때는 특히 적의 약점을 노려야 한다. 무엇보다 아군은 완벽하게 준비를 마쳐야 한다. 빈틈이 없으면 적이 쳐들어올 수 없다. 이렇게 적이 절대 승리하지 못하게 하고, 적의 빈틈을 놓치지 않는다. 적이 패할 만한 상황을 소극적으로 기다리는 것보다 적극적으로 승리를 만드는 것이 뛰어난 장수의 역할이다.

승리는 철저한 준비에서 온다

是故 勝兵 先勝而後 求戰
시 고 승 병 선 승 이 후 구 전
敗兵 先戰而後 求勝
패 병 선 전 이 후 구 승

그러므로 승리하는 군대는 먼저 이길 준비를 한 뒤에 싸움을 걸고,
패배하는 군대는 먼저 싸움을 걸고 나서 승리를 얻으려 한다.

승리하는 장수는 싸우기 전에 이길 수밖에 없는 조건을 만들어놓
고 그때에야 비로소 싸움을 건다. 철저하게 계산된 시나리오대로 전
쟁이 흘러가도록 한다. 반면 패배하는 장수는 특별한 계책도 없이 먼
저 전투를 시작하고, 그 속에서 이길 기회를 찾으려 한다. 순서가 바
뀐 것이다. 승리는 철저한 준비에서 오는 것이지, 임기응변으로 얻을
수 있는 것이 아니다. 요행히 한두 번 승리한다고 해도 언젠가는 크
게 패배한다. 죽고 사는 문제로 도박을 하는 것은 어리석다.

승패를 다스리는 경지

善用兵者 修道而保法 故 能爲勝敗之政
선 용 병 자 수 도 이 보 법 고 능 위 승 패 지 정

용병을 잘하는 사람은 승리의 도를 닦고 승리의 법을 지킨다.
그러므로 승패를 다스릴 수 있다.

여기서 '정(政)'은 '다스리다, 이리저리 뜻대로 움직인다'라는 뜻이다. 승패를 다스린다니, 어느 정도 경지에 이르러야 가능한 것일까? '수도(修道)'와 '보법(保法)'은 '인격을 도야하고, 법과 군율을 공정하게 집행한다'는 뜻으로 풀이해도 되고, 《손자병법》에서 강조하고 있는 '승리를 위한 용병의 이치를 잘 익히고 적용한다'라고 해석해도 무방하다.

덕 있는 사람이 법도를 바로 세우며 무도한 자를 물리치려 한다면, 뜻 있는 많은 이가 자발적으로 따를 것이다. 싸우기 전에 승부가 정해진다. 또한, 용병의 이치를 깨달아 잘 적용하는 장수는 승패를 좌우할 수 있다.

병법의 다섯 가지

兵法 一曰度 二曰量 三曰數 四曰稱 五曰勝
병법 일왈도 이왈량 삼왈수 사왈칭 오왈승
地生度 度生量 量生數 教生稱 稱生勝
지생도 도생량 양생수 수생칭 칭생승

병법의 첫째는 '도(度, 적과 아군 사이의 거리를 재는 것)'라 하고, 둘째는 '양(量, 전투 규모 병력과 무기의 배치, 곡식 생산량 등 동원력)'이라 하며, 셋째는 '수(數, 병력의 수)'라 하고, 넷째는 '칭(稱, 아군과 적군의 전투력을 가늠하는 것)'이라 하며, 다섯째는 '승(勝, 승리의 가능성)'이라 한다.

지형에 의해 거리의 멀고 가까운 척도가 생기고, 전투 규모가 산정되며, 그에 따라 병력의 수가 결정된다. 이를 통해 아군과 적의 전투력을 견주어보면서 승리의 가능성을 예측할 수 있다.

고대의 전쟁에서 병법의 첫째는 적군과 아군의 거리를 파악하는 것이다. 그에 따라 병력과 무기 등의 전투 규모를 산정하고, 실제로 동원할 병력을 계산한다. 이를 근거로 전쟁의 승패를 판단한다.

무슨 일을 하든 정확하게 분석하고 따져야 한다. 특히 전쟁에서는 지리적인 거리, 병력의 수, 무기와 보급 규모 등 숫자에 밝아야 한다.

객관적으로 이미 이긴 상황에서 싸운다

故 勝兵 若以鎰稱銖 敗兵 若以銖稱鎰
고 승 병 약 이 일 칭 수 패 병 약 이 수 칭 일

그러므로 승리하는 군대는 일(鎰, 무게 단위로 20냥)의 무게로 수(銖, 무게 단위로 24수가 1냥)의 무게를 견주는 것과 같고,
패배하는 군대는 수(銖)의 무게로 일(鎰)을 견주는 것과 같다.

일(鎰)은 수(銖)의 480배이다. 전쟁은 싸우기 전에 객관적인 숫자로 이미 승패는 결정되는 것이다. 승리할 수 있는 군대는 압도적인 군사력으로 상대를 제압한다는 말이다.

전쟁은 상황과 조건으로 승패가 싸우기 전에 결정된다. 영화에 나오는 것처럼 객관적인 조건이 열세인 군대가 극적으로 승리하는 경우는 현실에서 거의 일어나지 않는다. 이길 수밖에 없는 압도적인 군사력으로, 패배할 수밖에 없는 적을 단숨에 무찌르는 것이 가장 좋은 승리다.

승자의 형(形)은
한번에 쏟아지는 물과 같다

勝者之戰 若決積水於千仞之谿者 刑也
승 자 지 전 약 결 적 수 어 천 인 지 계 자 형 야

승자의 전쟁은 마치 천 길 계곡에 가두어놓았던 물을 터뜨려 쏟아지게 하는 것과 같으니 이것이 바로 형(刑)이다.

〈군형편〉의 마지막 말이다. 여기서 손자는 그가 생각하는 승리하는 형(形)에 대해 명확하게 밝힌다. 한참 동안 막아두었던 물을 한번에 천 길 아래로 쏟아지게 한다고 생각해보자. 마치 폭포수처럼 거침없이 내리꽂는 그 기세를 막아설 수 있는 것은 없을 것이다. 그 물줄기의 장엄한 기세, 터질듯한 에너지, 폭발력을 상상해보라. 잘 싸우는 장수는 자신의 군대를 그와 같은 형(形)을 갖추도록 만들어, 반드시 승리한다.

故 舉秋毫不爲多力 見日月不爲明目
고 거추호불위다력 견일월불위명목

聞雷霆不爲聰耳
문 뢰 정 불 위 총 이

가을 짐승의 가느다란 털을 든다고 힘이 세다고 하지 않고,

해와 달을 본다고 눈이 밝다고 하지 않으며,

천둥소리를 듣는다고 귀가 밝다고 하지 않는다.

잠재적인 역량을 발휘하려면

병세편 兵勢篇

병세는 눈에 보이지 않는 군대의 전투력이다.
'세(勢)'는 '형(形)'과는 대조적인 개념으로,
'형(形)'이 물리적인 전투력을 나타내는 개념이라면,
세(勢)는 '군대의 형세'로,
군사의 수, 진형, 무기, 보급, 생산력 등
물리적인 전투력을 말한다.
단단한 '형(形)'과 더불어 실제 전투에서 능력을 발휘하는
'세(勢)'가 있어야 승리할 수 있으며, 손자는 특히 유연성을 강조하였다.

조직의 체계를 갖추어야 한다

孫子曰 凡治衆 如治寡 分數 是也
손 자 왈 범 치 중 여 치 과 분 수 시 야

손자가 말하였다.

무릇 다수의 병력을 통솔하면서도 소수를 통솔하는 것처럼 할 수 있는 것은
분수(分數, 부대의 편성)에 달려 있다.

'분수(分數)'는 군대의 편제와 그 수를 가리킨다. 다수의 병력을 질
서정연하게 통제하는 것은 체계적인 조직구성에 달려 있다. 조직이
잘 정비되어 있고 각자의 직위와 임무가 명확하다면, 아무리 규모가
큰 조직이라도 작은 조직처럼 통솔할 수 있다. 군대가 작전을 제대로
수행하기 위해서는 질서정연한 체계를 갖추는 것이 우선이다. 꼭 군
대가 아니더라도 모든 조직이 목표를 달성하기 위해서는 조직체계를
잘 갖추어야 한다.

장수의 뜻대로
움직이는 군대가 이기는 군대다

鬪衆 如鬪寡 形名 是也
투 중 여 투 과 형 명 시 야

다수의 병력이 싸우는 것을 소수가 싸우듯 함은

형명(形名, 군대의 지휘 계통)에 달려 있다.

통신수단이 발달하지 않았던 고대에는 군대를 통솔할 때 주로 멀리까지 보이는 색이 있는 커다란 깃발을 사용했다. 또한, 북이나 징과 같이 먼 데까지 소리가 전달되는 도구도 쓰였다. '형(形)'은 신호용 깃발, '명(名)'은 북과 징을 가리킨다. '형명(形名)'은 곧 군대의 지휘 체계, 명령 계통이라 할 수 있다.

전투 시에 군사들이 장수의 명령을 정확하게 알아듣고 움직이게 하려면, 약속된 신호체계를 만들고 평소 훈련을 게을리하지 말아야 한다. 군사가 많더라도 장수의 의지대로 일사불란하게 움직이지 않으면 쓸모없다.

유연한 전술을 구사한다

三軍之衆 可使必受敵而無敗者 奇正 是也
삼 군 지 중 가 사 필 수 적 이 무 패 자 기 정 시 야

삼군의 군사가 적을 맞아 절대 패하지 않음은
'기(奇)'와 '정(正)'을 구사하기 때문이다.

'기(奇)'는 '기이한 술책'이다. 정공법이 아니다. 적을 유인하거나 기습하는 게릴라전, 비정규 전술이다. 반면 '정(正)'은 적과 정면으로 부딪쳐 싸우는 방식이다. 진형을 갖추고 맞붙어 정직하게 싸우는, 힘과 힘의 대결이다. 계략이 끼어들 틈이 없다. 전쟁에는 '기(奇)'와 '정(正)'이 모두 필요하다. 정공법으로 적과 대치하되, 특수 부대를 편성하여 적의 약점, 배후나 측면 등을 쳐서 기세를 꺾고 혼란에 빠뜨려야 한다. '기(奇)'와 '정(正)'을 유연하게 잘 구사하면 절대 지지 않는다.

우세함으로 빈틈을 친다

兵之所加 如以碬投卵者 虛實 是也
병 지 소 가   여 이 하 투 란 자   허 실   시 야

병력을 더하는 것이 마치 숫돌을 달걀에 던지는 것과 같음은
우세함(實)으로 빈틈(虛)을 치기 때문이다.

'허(虛)'는 '약점, 빈틈, 힘이 분산된 것, 대비가 약한 것'이고, '실(實)'
은 '강점, 힘이 집중된 것, 대비가 잘 되어 있는 것'이다. 나의 '실(實)'로
상대의 '허(虛)'를 치는 것이 반드시 승리하는 길이다. 적도 나와 같이
아군의 약점을 공략하려고 한다. 그러니 이 점을 이용하면 쉽게 승리
를 얻을 수 있다. 나의 '실(實)'을 상대가 '허(虛)'로 착각하게 한다면 공
격해 들어오는 적을 물리칠 수 있다. 적과 나의 '허실'을 정확하게 파
악하는 것이 중요한 이유다.

다양한 전술로
적을 정신 차리지 못하게 한다

凡戰者 以正合 以奇勝
범 전 자 이 정 합 이 기 승

故 善出奇者 無窮如天地 不竭如江河
고 선 출 기 자 무 궁 여 천 지 불 갈 여 강 하

終而復始 日月 是也 死而復生 四時 是也
종 이 부 시 일 월 시 야 사 이 부 생 사 시 시 야

무릇 전쟁이란 '정(正)'으로 적군에 맞서고, '기(奇)'로 승리한다.

그러므로 '기(奇)'를 잘 쓰는 장수는

(전술의 변화가) 하늘땅처럼 끝이 없고, 강과 바다처럼 다함이 없다.

끝났다 다시 시작되는 것이 해와 달이 차고 이지러짐과 같고,

죽었다 다시 살아나는 것이 사계절의 변화와 같다.

손자가 생각한 용병의 기본은 정공법으로 적의 주력부대와 맞서
고, 임기응변의 기이한 전술로 적을 무너뜨리는 것이다. '기(奇)'에만
강하다면 적의 주력부대를 막아내지 못해 무너지기 쉽고, '정(正)'에만
능하다면 승리의 기회를 잡기 힘들다. '기(奇)'는 한두 가지만 쓰는 것
이 아니라 다양하게 활용해서 적이 정신 차리지 못하게 해야 승리의
기회를 잡을 수 있다.

전술의 변화는 무궁하다

聲不過五 五聲之變 不可勝聽也
성 불 과 오 오 성 지 변 불 가 승 청 야
色不過五 五色之變 不可勝觀也
색 불 과 오 오 색 지 변 불 가 승 관 야
味不過五 五味之變 不可勝嘗也
미 불 과 오 오 미 지 변 불 가 승 상 야

소리는 다섯 가지에 불과하지만,

모두 다 들을 수 없을 정도로 변화가 무궁하다.

색은 다섯 가지에 불과하지만,

모두 다 볼 수 없을 정도로 변화가 무궁하다.

맛은 다섯 가지에 불과하지만,

모두 다 맛볼 수 없을 정도로 변화가 무궁하다.

음양오행론(陰陽五行論)에 따르면 소리, 색, 맛의 기본을 다섯 가지로 구분한다. 소리는 궁상각치우(宮商角徵羽), 색은 청적황백흑(靑赤黃白黑, 파란색/빨간색/노란색/하얀색/검은색), 맛은 산고감신함(酸苦甘辛鹹, 신맛/쓴맛/단맛/매운맛/짠맛)으로 본다. 기본은 그렇지만 화음을 이루고, 색을 섞고, 다양하게 맛을 내면 그 변화는 헤아릴 수 없다. 마찬가지로 전술의 변화 또한 한계가 없다. 무궁무진한 변화가 가능하다.

기정상생(奇正相生)의 도

戰勢不過奇正 奇正之變 不可勝窮也
전 세 불 과 기 정 기 정 지 변 불 가 승 궁 야
奇正相生 如循環之無端 孰能窮之
기 정 상 생 여 순 환 지 무 단 숙 능 궁 지

전쟁의 형세는 '기정(奇正)'에 불과하지만 그 변화는 모두 다 헤아릴 수 없다.
'기(奇)'와 '정(正)'은 서로를 낳는 것이 마치 순환하면서 끝이 없는 것과 같다.
누가 이를 헤아릴 수 있겠는가?

이 말에 나오는 '기정상생(奇正相生)'은 《손자병법》의 핵심적인 메시
지이다. 실제 전쟁은 변화 그 자체다. 계획했던 대로 상황이 전개되
지 않는다. 뛰어난 장수는 변화 속에서 그 상황에 맞는 전술을 구사
해야 한다. '정(正)'이 '기(奇)'가 되고 '기(奇)'가 '정(正)'이 되도록 해야 한
다는 말이다. 학생들이 밤새워 공부하는 것이 평소에는 '기(奇)'에 해
당하지만 시험 기간에는 그것이 '정(正)'이 될 수도 있다.

기세와 절도

激水之疾 至於漂石者 勢也
격 수 지 질 지 어 표 석 자 세 야

鷙鳥之疾 至於毁折者 節也
지 조 지 질 지 어 훼 절 자 절 야

거센 물결이 빠르게 흘러 바위를 떠내려가게 하는 것이 '기세(勢)'다.
사나운 새가 빠르게 날아와 낚아채는 것이 '절도(節)'다.

기세와 절도에 대한 설명이다. 기세는 뻗치고 흐르는 힘, 에너지
다. 기세가 좋아야 막힌 것을 뚫을 수 있고, 적을 무너뜨릴 수 있다.
절도는 그 기세가 축적되었다가 한 점에서 폭발하는 것이다. 독수리
가 하늘에서 수직 강하하는 힘이 기세라면, 발톱으로 토끼를 낚아채
버리는 것이 절도다. 검도에서 목검으로 내리치는 힘이 기세라면, 머
리의 한 점을 정확하게 끊어치는 것이 절도다. 전쟁에서는 기세와 절
도가 모두 필요하다.

기세는 험하게, 절도는 짧게.

是故 善戰者 其勢 險 其節 短
시 고 선 전 자 기 세 험 기 절 단

그러므로 전쟁을 잘하는 자는 기세는 험하게, 절도는 짧게 한다.

'험(險)'은 '험준하다'는 의미다. 기세가 험할수록 짧고 강력한 '절(節)'이 가능하다. 전쟁에서 중요한 것은 군사의 기세다. 기세는 무형의 기운이고, 눈에 보이지 않는 기초체력과 같다. 군대가 가진 에너지는 많으면 많을수록, 험하면 험할수록 좋다. 그만큼 잠재력이 크다는 의미이기 때문이다. 이 힘을 분출할 때는 짧게 끊어야 한다. 싸움을 질질 끌면 기운이 분산된다. 단숨에 터뜨려야 그 힘이 더 강하다. 매복해서 기운을 모으고 있다가 적이 다가오면 "와아!" 하는 함성과 함께 짧은 시간에 공격해야 더 효과적이다.

축적한 힘을 한번에 집중한다

勢如彍弩 節如發機
세 여 확 노 절 여 발 기

기세는 쇠뇌의 활을 잡아당기는 것과 같고,
절도는 쇠뇌에서 화살이 발사되는 것과 같다.

앞의 글에 이어지는 내용으로, 기세와 절도를 쇠뇌를 쏘는 것에 비유하여 설명하고 있다. 쇠뇌는 활과 비슷한 원거리 공격무기다. 활의 원리와 비슷하지만, 시위를 당겨 장전한 상태에서 방아쇠를 당겨 화살을 쏘는 방식으로, 활보다 화살이 훨씬 더 멀리 나가고 살상력이 강하다. 손자는 쇠뇌를 당겨 장전하는 것이 기세이고, 방아쇠를 당겨 화살을 쏘는 것이 절도라고 설명한다. 적을 공격할 때는 마치 방아쇠를 당기듯 축적된 힘을 한번에 집중해야 한다.

어지러운 가운데에서도 진용을 갖추면 패배하지 않는다

紛紛紜紜 鬪亂而不可亂也
분 분 운 운 투 난 이 불 가 난 야
渾渾沌沌 形圓而不可敗也
혼 혼 돈 돈 형 원 이 불 가 패 야

실이 엉클어진 것처럼 싸움이 어지러워도

적과 아군이 뒤섞여서는 안 된다.

먼지가 자욱한 혼란에서도 진용을 온전히 갖추면 패배하지 않는다.

승리를 위해서는 적을 혼란에 빠뜨려 약점이 드러나도록 해야 한다. 하지만 아군이 함께 어지러워지면 안 된다. 적의 페이스는 무너뜨리면서 내 리듬은 살려야 이길 수 있다. 먼지가 자욱해 모든 것이 불명확한 상황이라도 진용을 잘 갖추고 적을 맞아 싸우면 승산이 있다. 여기서 '형원(形圓)'은 '진용을 둥글게 배치한다'라고 해석해도 되고, '진용을 온전히 갖춘다'라고 해석해도 뜻이 통한다.

교만하면 패한다

亂生於治 怯生於勇 弱生於强
난 생 어 치 겁 생 어 용 약 생 어 강

혼란함은 다스려짐에서 생기고,

겁은 용맹함에서 생기며,

나약함은 강함에서 생겨난다.

정반대의 상황에서 혼란함, 겁, 나약함이 생긴다는 말이 언뜻 이해
되지 않는다. 이 말은 방심과 교만함을 경계하는 것이다. 임금이 성실
하게 직무를 수행하다 주색에 빠지면 나라가 기울어지듯 잘 다스려진
다고 마음을 놓아버리면 혼란해지기 시작한다. 장수가 용맹함과 강
함을 자랑하며 교만해지면, 군대가 용기를 잃고 나약해져 전투력이
오히려 떨어질 수 있다. 혼란한 상황에서 진용을 잘 갖추고 싸워 승기
를 잡았다 하더라도, 한순간의 방심과 교만함 때문에 패할 수 있다.

군의 편제, 기세, 배치가 중요하다

治亂 數也 勇怯 勢也 强弱 形也
치 란 수 야 용 겁 세 야 강 약 형 야

다스려짐과 혼란함은 '수(數)'다.

용기와 겁은 '세(勢)'다.

강함과 약함은 '형(形)'이다.

여기서 '수(數)'는 앞에서 나온 '분수(分數)', 즉 군대의 편제를 말한다. '세(勢)'는 기세를 말한다. '형(形)'은 병력의 수나 보급, 장비, 지형 등 복합적인 아군의 상황 및 배치형태를 말한다. 다스려짐은 편제에 달려 있고, 용기는 기세에 달려 있으며, 강함은 배치형태에 달려 있다. 즉, 편제가 조직적인 군대가 잘 다스려지는 군대다. 기세가 강해야 용기백배한 군대가 될 수 있다. 배치가 잘 되어 진용이 흐트러지지 않는 군대가 강하다.

미끼를 던져 유인한다

故 善動敵者 形之 敵必從之 予之 敵必取之
고 선 동 적 자 형 지 적 필 종 지 여 지 적 필 취 지

그러므로 적을 잘 움직이는 장수는

적이 움직일 만한 형(形)을 거짓으로 만들어내어 적이 반드시 따르게 하고,

이로움을 주어 적이 반드시 취하게 한다.

서로 철저하게 대비하고 있는 상황에서는 쉽사리 승부가 나지 않는다. 이럴 때는 균형을 무너뜨려야 한다. 상대의 기세를 꺾고 약점을 공격해야 한다. 그러기 위해서는 미끼를 던져 유인하는 것이 좋은 방법이다. 적에게 이로움을 주어 의심 없이 움직일 만한 상황을 만들어주는 것이다. 예를 들어 식량을 보관한 곳의 위치를 노출시키거나 아군에 탈영자가 많은 것처럼 보이는 것이다.

준비된 군사로 적을 기다린다

以利動之 以卒待之
이 리 동 지 이 졸 대 지

이로움으로 적을 움직이게 하고,
준비된 군사로 적을 기다린다.

작은 이익을 구해 섣불리 움직이면 당하기 쉽다. 상대의 유인에 속아 소수의 병력으로 본진에서 멀리 떨어져 나오면 기다리고 있던 적에게 기습당한다. 이것은 전투 상황에서뿐만 아니라 삶의 모든 영역에 적용될 수 있다. 예를 들어 직장인이 연봉을 조금 더 높이려고 다른 조건과 상황까지 깊이 생각하지 않고 섣불리 이식을 결정하면 후회할 수 있다. 가능한 모든 상황, 형(形)을 종합적으로 고려해야 실수가 적다.

기세를 만드는 것은 장수의 능력이다

故 善戰者 求之於勢 不責於人
고 선전자 구지어세 불책어인

故 能擇人而任勢
고 능택인이임세

그러므로 전쟁을 잘하는 장수는 '기세(勢)'에서 승리를 구하고,

사람에게 책임을 묻지 않는다.

그러므로 사람을 가리어 쓰고 '기세(勢)'에 맡긴다.

전쟁에서의 승부는 개개인의 힘의 합을 더한 것을 산술적으로 비교해서 판가름 나는 것이 아니다. 기세가 뛰어난 군대는 다수의 적을 이겨낼 수 있다. 군사 개개인의 능력보다 장수의 기량이 더 중요한 것이다. 뛰어난 장수는 부하에게 의존하지 않고, 승패에 대한 책임도 군사들에게 묻지 않는다. 다만 사람을 가리어 쓸 뿐이다. 사기를 끌어올리고, 조직을 체계적으로 운용하고 훈련하는 것, 유연하게 지휘하는 것 등 군대의 기세를 만드는 것은 장수에게 달려 있다.

뛰어난 장수는 군사들을 움직이게 만든다

任勢者 其戰人也 如轉木石
임 세 자 기 전 인 야 여 전 목 석

木石之性 安則靜 危則動 方則止 圓則行
목 석 지 성 안 즉 정 위 즉 동 방 즉 지 원 즉 행

기세에 맡기는 장수는 그 군사들을 나무와 돌이 구르는 것처럼 싸우게 한다.
나무와 돌의 본성은 자극이 없으면 고요히 있지만 위태롭거나 자극이 있으면 움직인다.
모나면 정지해 있고, 둥글면 움직인다.

나무나 돌은 땅이 평평하거나 외부에서 힘이 가해지지 않으면 그대로 정지해 있다. 하지만 기울어진 땅 위에 있거나 외부에서 강한 힘이 가해지면 굴러간다. 이것이 나무와 돌의 본성이다. 이와 마찬가지로 군사들도 되도록 편안하게 머무르려고 한다. 자발적으로 움직이는 군사는 극히 드물다. 장수는 이런 군사들을 지휘하여 기세를 만들어야 한다. 나무와 돌이 한번 움직이기 시작하면 걷잡을 수 없는 힘으로 굴러가듯이, 군사들도 기세를 타고 움직이면 승리를 쟁취해 낸다.

군사들의 의지보다 중요한 것이
장수의 전략이다

故 善戰人之勢 如轉圓石於千仞之山者 勢也
고 선전인지세 여전원석어천인지산자 세야

그러므로 전쟁을 잘하는 장수의 기세는
마치 둥근 돌을 천 길 높이 산에서 굴러 떨어뜨리는 것과 같다.
이것이 기세다.

대부분 돌은 모나서 힘을 줘도 잘 굴러가지 않는다. 뛰어난 장수는
모난 돌을 둥근 돌로 깎아낸다. 즉, 오합지졸의 군대를 잘 훈련시키
고, 사기를 끌어올려 기세를 만들어낸다. 이와 더불어 작은 이익으로
적을 꾀어내어 스스로 약점을 드러내게 하고, 적의 '허(虛)'를 아군의
'실(實)'로 치는 치밀한 전략을 세워 반드시 이기는 상황을 만들어내는
것이다.

　〈군형편〉 마지막에서 '천 길 계곡에 가두어놓았던 물을 터뜨려 쏟
아지게 하는 것'을 '형(形)'이라 한 것과 같이 '천 길 높이 산에서 돌을
굴려 떨어뜨리는 것'이 바로 '세(勢)'다. 형과 세는 각각 유형과 무형의
전투력이지만 이것이 발현되는 모습은 다르지 않다.

약점과 강점을 뒤집으려면

허실편 虛實篇

‘허(虛)’는 ‘약점, 준비되지 않아 허약한 부분’을 말하고,
‘실(實)’은 ‘강점, 준비되어 충실한 부분’을 말한다.
이 편에서 손자는 이기는 싸움을 하는
가장 실질적인 병력 운용방법을 제시한다.
전력이 부족하더라도 이기는 길은
아군의 ‘실(實)’로 적군의 ‘허(虛)’를 치는 것이다.
전쟁터에서 아군에게는 ‘실(實)’의 형국을 만들고,
적군에게는 ‘허(虛)’의 형국을 만드는 것이 승리하는 길이다.
나의 의도를 드러내지 않고 주도권을 놓치지 않는 것이 그 핵심이다.

적을 끌어들여야 여유 있다

孫子曰 凡先處戰地 而待敵者 佚
손 자 왈 범 선 처 전 지 이 대 적 자 일

後處戰地 而趨戰者 勞
후 처 전 지 이 추 전 자 노

故 善戰者 致人 而不致於人
고 선 전 자 치 인 이 불 치 어 인

손자가 말하였다.

무릇 먼저 전쟁터에서 자리 잡고 적을 기다리는 자는 편안하고,

뒤늦게 전쟁터에 자리 잡고 싸우러 달려 나가는 자는 고달프다.

그러므로 전쟁을 잘하는 장수는 적을 끌어들이지, 적에게 끌려가지 않는다.

아침에 시끄럽게 울리는 알람 소리에 잠에서 깨지 않고 여유 있게 일어났다고 생각해보자. 천천히 스트레칭을 하고 호흡을 가다듬으면서 하루를 준비하면 하루가 나의 리듬에 맞게 흘러갈 것이다. 하지만 알람 소리에 억지로 눈을 뜨면 마음이 급하고 분주하다.

전쟁에서도 마찬가지다. 먼저 자리를 잡은 군대는 안정적이다. 준비된 상태로 최적의 조건에서 적을 맞이한다. 하지만 적에게 유인당해 끌려 들어가면 불안정하고, 제 역량을 발휘하기 힘들다. 적을 끌어들여 흔드는 자가 승리의 기회를 잡을 수 있다.

적의 오판을 유도한다

能使敵人自至者 利之也 能使敵人不得至者 害之也
능 사 적 인 자 지 자   이 지 야   능 사 적 인 부 득 지 자   해 지 야

적으로 하여금 스스로 오게 하는 것은 그것이 이롭게 보여야 하고,
적으로 하여금 오지 못하게 하는 것은 그것이 해롭게 보여야 한다.

아군의 시나리오대로 적을 움직이려면 적을 속여야 한다. 적에게
해로운 것을 이롭게 보이도록 하고, 이로운 것을 해롭게 보이도록 해
야 한다. 단테의 《신곡》에 보면 지옥의 하층부 깊은 곳에는 사기와
기만을 일삼은 자들이 벌을 받고 있다. 이처럼 일반적으로 일상적인
인간관계에서 상대를 기만하는 것은 죄라고 본다. 하지만 전쟁에서
는 상대를 잘 속이고, 상대 장수의 오판을 유도하여 아군에게 유리하
게 전투를 이끌어가는 자가 유능한 장수다.

적의 예상을 뒤엎고 흔들어라

故 敵佚 能勞之 飽 能飢之 安 能動之
고 적일 능로지 포 능기지 안 능동지

出其所必趨 趨其所不意
출기소필추 추기소불의

그러므로 적이 편안하면 그들을 지치게 하고, 배부르면 굶주리게 하며,

안정되어 있으면 흔들고, 반드시 달려갈 곳을 향해 나아가고,

생각하지 못한 곳으로 달려가야 한다.

〈허실편〉에서 손자가 말하는 전술의 핵심은 '주도성'이다. 적의 계
략에 말려 수동적으로 끌려가지 말고, 전투 상황을 아군의 의도대로
능동적으로 이끌어가야 한다는 것이다. 꼭두각시 조종하듯 적을 조
종하는 것이 승리의 길이다. 그러려면 적의 현재 상태를 반대로 뒤집
어 흔드는 방법을 써야 한다. 편안하면 지치게 하고, 배부르면 굶주
리게 한다. 적이 지키지 않을 수 없는 곳을 공격해서 달려 나가게 하
고, 적이 예상하지 못한 방향으로 공격한다. 이렇게 적의 예상을 뒤
엎고 흔들어야 주도권을 쥘 수 있다.

적의 강함을 피해 움직인다

行千里而不勞者 行於無人之地也
행 천 리 이 불 로 자 행 어 무 인 지 지 야

攻而必取者 攻其所不守也
공 이 필 취 자 공 기 소 불 수 야

守而必固者 守其所不攻也
수 이 필 고 자 수 기 소 불 공 야

천 리를 행군해도 피로하지 않은 것은 적이 없는 곳을 가기 때문이다.

공격해서 반드시 취하는 것은 적이 지킬 수 없는 곳을 공격하기 때문이다.

지켜서 반드시 막아내는 것은 적이 공격할 수 없는 곳을 지키기 때문이다.

적의 강점을 피하고 약점을 치는 것이 병법의 기본이다. 군대의 움직임은 크게 행군과 공격 그리고 수비로 나누어볼 수 있다. 이 세 가지 움직임을 시작하기 전에 적의 강점과 약점을 분석하고 대비하는 것이 도움이 된다. 행군할 때는 적이 주의를 기울이지 않아 공격당할 염려가 없는 곳을 택해야 한다. 공격할 때는 적이 지키기 힘든 곳, 전략상 포기할 수밖에 없는 곳을 공격하여 반드시 취한다. 막을 때는 적이 강점을 발휘하기 힘든 곳을 수비하여 반드시 지켜낸다. 적의 강함을 피해서 군대를 움직이면 주도권을 뺏기지 않는다.

적이 지킬 곳과 공격할 곳을 알지 못하게 한다

故 善攻者 敵不知其所守 善守者 敵不知其所攻
고 선공자 적부지기소수 선수자 적부지기소공

그러므로 공격을 잘하는 자는 적이 지킬 곳을 알지 못하게 하고,
잘 지키는 자는 적이 공격할 곳을 알지 못하게 한다.

나는 적의 의도를 간파하고, 적은 나의 의도를 알 수 없을 때 공격
과 수비가 성공할 수 있다. 공격에 성공하려면 적이 어디를 지켜야
할지 모르게 한다. 수비할 곳을 정하지 못하면 적은 병력을 집중하지
못하고 갈팡질팡하게 된다. 마찬가지로, 수비에 성공하려면 적이 어
디를 공격하는 것이 좋을지 판단하기 힘들게 한다. 적이 아군의 확실
한 약점을 알아채지 못하고 우왕좌왕하는 동안 상대의 허점을 찾아
낼 기회가 생긴다.

나를 숨기면 적의 목숨을 좌우할 수 있다

微乎微乎 至於無形 神乎神乎 至於無聲
미호미호 지어무형 신호신호 지어무성
故 能爲敵之司命
고 능위적지사명

미묘하고 미묘하여 형태가 없는 데에 이르고,
신묘하고 신묘하여 소리가 없는 데에 이른다.
그러므로 적의 생명을 관장하는 신의 경지가 될 수 있다.

뛰어난 장수가 자신의 의도를 완벽하게 숨기고 신출귀몰하게 군대를 움직이면 상대는 정신 차리기 힘들다. 전혀 예상하지 못한 곳에서 나타나 공격하고, 순식간에 사라지며, 적장의 의도를 짐작조차 할 수 없다면 귀신에 홀린 듯한 느낌을 받을 것이다. 그쯤 되면 적은 두려움을 넘어 경외감을 가진다. 미묘하고 신묘하여 보이지도 않고, 들리지도 않는다는 착각에 빠질 수도 있다. '사명(司命)'은 원래 별의 이름인데, 사람의 생명을 관장하는 신을 가리킨다. 나를 제대로 숨길 수 있다면 적의 목숨을 좌우하는 전쟁의 신이 될 수 있다.

허를 찔러 적이 손쓸 수 없게 만든다

進而不可禦者 衝其虛也
진 이 불 가 어 자 충 기 허 야
退而不可追者 速而不可及也
퇴 이 불 가 추 자 속 이 불 가 급 야

아군이 진격해도 적이 막지 못하는 것은
아군이 적의 허를 찌르기 때문이고,
아군이 후퇴해도 적이 추격하지 못하는 것은
아군의 속도를 적이 따라잡지 못하기 때문이다.

알면서도 손을 쓸 수 없는 경우가 있다. 바로 허를 찔렸을 때다. 공격할 때는 전광석화처럼 재빠르게 움직여 상대가 태세를 정비할 시간을 주지 말아야 한다. 타격은 힘을 집중해서 강하게 해야 효과적이다. 만약 시간을 질질 끌어 적에게 대비할 수 있는 시간을 허용하거나 공격하는 힘이 충분히 강하지 않다면, 적의 약점이 더는 약점이 아니게 된다. 기껏 잡은 기회를 놓칠 수 있으니 적의 허를 공격할 때는 빠르고 강력하게 해야 한다.

적이 불리한 상황에서도
싸울 수밖에 없게 한다

故 我欲戰 敵雖高壘深溝
고 아욕전 적수고루심구

不得不與我戰者 攻其所必救也
부득불여아전자 공기소필구야

我不欲戰 雖畫地而守之
아불욕전 수획지이수지

敵不得與我戰者 乖其所之也
적부득여아전자 괴기소지야

그러므로 아군이 싸우고자 할 때는 비록 적이 높은 보루와 깊은 해자를 만들었더라도 아군과 싸울 수밖에 없으니, 적이 반드시 구해야만 하는 곳을 공격하기 때문이다. 아군이 싸우지 않으려 할 때는 비록 적이 땅에 금을 그어놓고 그곳을 지킨다 해도 적이 아군과 싸우지 못하는 것이니, 적이 그들의 공격이 어긋날 것이라 여기기 때문이다.

허를 찔린 적은 아군의 의도대로 움직일 수밖에 없다. 적자가 나더라도 고정비 때문에 영업할 수밖에 없는 음식점처럼, 아군이 적군의 요충지를 공격하면 적은 울며 겨자 먹기로 싸우게 된다. '괴(乖)'는 '어긋나다'는 뜻으로, 문맥상 적군이 판단하기에 이미 아군의 계략에 빠져들어 공격이 어긋날 것이라고 여기는 것이다.

적은 드러나게 하고, 나는 숨긴다

故 形人而我無形 則我專而敵分
고 형인이아무형 즉아전이적분

그러므로 적을 드러나게 하고 나를 숨기는 것은
나는 한 곳에 집중하되, 적은 분산되도록 하는 것이다.

병력의 규모가 크더라도 그 모습이 드러난 적은 크게 무섭지 않다. 정말 무서운 것은 드러나지 않고 도무지 움직임을 파악할 수 없는 적이다. 나를 숨기면 적에게 공포감을 줄 수 있다. 내 모습을 볼 수 없으니 적이 아군의 공격에 대비하기도 힘들다. 어디서 공격해올지 모르니 적은 여기저기 힘을 분산할 수밖에 없다. 적은 분산되고 아군은 한 곳에 힘을 모아 공격할 수 있으니 유리하다.

적의 병력을 분산시켜라

我專爲一 敵分爲十 是 以十 攻其一也
아 전 위 일 적 분 위 십 시 이 십 공 기 일 야

則我衆而敵寡 能以衆擊寡者 則吾之所與戰者 約矣
즉 아 중 이 적 과 능 이 중 격 과 자 즉 오 지 소 여 전 자 약 의

아군은 힘을 집중해 하나가 되고 적은 열로 나누어지니,

아군이 10배의 힘으로 적의 하나를 공격한다.

말하자면 아군은 많고 적은 수가 적은 셈이다.

이렇게 다수로 소수를 공격하면 아군과 싸워야 할 적은 줄어든다.

《손자병법》에서 손자는 일관되게 '싸우지 않고 이기되, 싸울 수밖에 없다면, 이기는 상황을 만들고 싸우라'고 말한다. 여기서는 집중된 병력으로 분산된 병력과 싸우라고 조언한다. 아군의 병력과 움직임을 완전히 숨기면 적이 대비하지 못해 10배 이상 전투력에 차이가 날수 있다. 여기서 10은 산술적인 10이 아닌, '많다'로 이해하는 것이 적절하다. 아군의 집중된 힘이 '실(實)'이고, 적의 분산된 힘이 '허(虛)'다. 나를 숨기면 그 자체가 '실(實)'이 되고, 나의 형세와 의도를 들키면 그것이 '허(虛)'가 된다.

대비할 곳이 많아지면 힘이 약해진다

吾所與戰之地 不可知 不可知 則敵所備者多
오 소 여 전 지 지 불 가 지 불 가 지 즉 적 소 비 자 다
敵所備者多 則吾之所戰者 寡矣
적 소 비 자 다 즉 오 지 소 전 자 과 의

아군이 공격할 곳을 적이 알지 못하게 해야 한다.
적이 공격할 곳을 알지 못하면 지켜야 할 곳이 많아진다.
적이 지켜야 할 곳이 많아지면 아군과 싸울 적의 수가 줄어들게 된다.

전쟁은 정보전이다. 군대의 배치, 이동, 공격 시점이나 장소 등에 대한 정보가 노출되지 않도록 해야 한다. 1차 페르시아 전쟁 때 페르시아 군대는 마라톤 전투(BC 490년)에서 아테네에 패배했다. 이 싸움의 승패와 상관없이 페르시아는 아테네를 해상에서 압박하려고 했는데, 이 정보를 아테네인들이 알게 되었다. 마라톤 전투의 승리 소식과 페르시아군의 해상 습격에 대비할 것을 페이디피데스가 먼 거리를 뛰어가 아테네인들에게 알린 것이다. 아테네는 페르시아가 공격할 곳을 알고 힘을 집중할 수 있었고, 페르시아는 배를 물려 돌아갈 수밖에 없었다.

적의 병력을 분산시킨다

故 備前則後寡 備後則前寡 備左則右寡
고 비전즉후과 비후즉전과 비좌즉우과

備右則左寡 無所不備 則無所不寡
비우즉좌과 무소불비 즉무소불과

寡者 備人者也 衆者 使人備己者也
과자 비인자야 중자 사인비기자야

그러므로 적이 전방을 수비하면 후방의 병력이 부족하고,

후방을 수비하면 전방의 병력이 부족하다.

좌측을 수비하면 우측이 부족하고, 우측을 수비하면 좌측이 부족하다.

수비하지 않는 곳이 없다면 부족하지 않는 곳도 없다.

적의 병력이 부족하다는 것은 적이 수비하기 때문이다.

아군의 병력이 많다는 것은 적이 아군을 수비해야 하기 때문이다.

공성전에서 성을 지키는 적의 병력이 아무리 많다고 하더라도, 아군이 동서남북 사방위 중 어느 곳을 공격해올지 모른다면, 모든 곳에 병력을 배치할 수밖에 없다. 아군의 전체 병력 규모가 작더라도 한 곳을 집중적으로 공격하면 실제 그 전투에서 병력은 많은 것이다. 적의 병력을 여러 곳에 분산시키고 아군의 힘을 모으는 것, 그것이 '실(實)'로 '허(虛)'를 공략하는 법이다.

싸울 때와 장소를 알면 이길 수 있다

故 知戰之地 知戰之日 則可千里而會戰
고 지전지지 지전지일 즉가천리이회전

不知戰地 不知戰日 則左不能救右 右不能救左
부지전지 부지전일 즉좌불능구우 우불능구좌

前不能救後 後不能救前
전불능구후 후불능구전

而況遠者數十里 近者數里乎
이황원자수십리 근자수리호

그러므로 싸울 장소를 알고 날짜를 알면

천 리를 행군해서도 싸울 수 있지만, 전쟁의 장소와 날짜를 모르면

좌측이 우측을 구할 수 없고 우측이 좌측을 구할 수 없다.

전방이 후방을 구할 수 없으며, 후방이 전방을 구할 수 없다.

하물며 먼 곳은 수십 리, 가까운 곳은 몇 리나 떨어진 곳은 말할 것도 없다.

적이 공격해올 때와 장소를 알고 있다면 군사들이 천 리를 행군해 지쳐 있어도 싸울 수 있다. 작은 힘이라도 그 힘을 집중할 수 있기 때문이다. 하지만 적의 의도를 전혀 헤아리지 못하고 있으면, 배불리 먹고 편히 쉰 병력이라도 피로를 느낀다. 기습을 당했을 때 재정비하는 데 시간이 걸리기 마련이다. 실제 전투가 벌어졌을 때 우왕좌왕하면서 혼란에 빠지기 때문에 전후좌우의 병력이 서로 도울 수 없다.

병력이 많다고 승리하는 것은 아니다

以吾度之 越人之兵 雖多 亦奚益於勝敗哉
이 오 탁 지 월 인 지 병 수 다 역 해 익 어 승 패 재

내(오나라)가 헤아려보건대, 월나라의 군사가 비록 많다고는 하지만
또한, 어찌 승패에 무슨 도움이 되겠는가.

손자는 오왕 합려(闔閭)에게 등용되었다. 그는 초나라를 격파할 때
결정적인 역할을 했고, 합려를 춘추오패의 한 사람으로 만들었다. 오
왕 합려는 월나라와의 전쟁 중 세상을 떠나면서 아들 부차에게 월나
라를 굴복시킬 것을 유지로 남겼다. 손자는 부차를 도와 오가 월에게
승리하는 데 기여했다. 이런 배경에서 이 말을 보면, 당시 강성했던
월나라와의 싸움을 앞두고 한 말로 추측해볼 수 있다.

승리에는 병력이 많고 적음보다 계책이 중요하다.

승리는 만드는 것이다

故 曰 勝可爲也 敵雖衆 可使無鬪
고 왈 승가위야 적수중 가사무투

그러므로 승리는 만들 수 있다고 말하는 것이니,
적이 비록 많다 하더라도 전투를 할 수 없게 만들 수 있다.

승리는 지혜로운 장수에 의해 만들어진다. 아무리 많은 군사가 있다고 해도 상대의 의도를 파악하지 못하면 전쟁의 주도권을 잡을 수 없다. 주도권을 잃으면, 싸우는 내내 상대에게 질질 끌려다닌다. 강한 주먹을 갖고 있어도 내지르지 못하면 아무 소용없다. 마찬가지로, 병력이 비록 많다고 해도 제대로 싸울 기회를 잡지 못하면 무용지물이다. 따라서 겉으로 보이는 병력의 많고 적음은 그 자체로 승패에 결정적인 요인이 될 수 없다.

적의 허점을 발견하는 네 가지 전술

故 策之而知得失之計 作之而知動靜之理
고 책 지 이 지 득 실 지 계 작 지 이 지 동 정 지 리
形之而知死生之地 角之而知有餘不足之處
형 지 이 지 사 생 지 지 각 지 이 지 유 여 부 족 지 처

그러므로 적의 사정을 헤아려(策之) 득실을 계산하고,

적을 자극해(作之), (적이) 움직이고 멈추는 이치를 알며,

적의 진형을 파악하여(形之), (그곳이) 죽을 땅인지 살 땅인지 알고,

적과 겨루어보아(角之), (적의 병력이) 남는 곳과 부족한 곳을 파악한다.

적의 허점을 발견하는 네 가지 전술을 제시하고 있다. '책(策)'은 '헤아리다, 예측하다'라는 뜻이다. 적의 계책이나 사정을 헤아려 얻을 수 있는 것과 잃을 것을 계산한다. '작(作)'은 '조작한다'는 의미다. 즉, 적을 한번 툭 건드려보는 것이다. 자극을 줬을 때 적의 움직임을 보고 적의 대비태세를 파악한다. 또한, 적의 진형을 보고 그곳으로 쳐들어가면 죽을지 살 수 있을지 알아야 하고, 작은 전투를 통해 적의 힘을 가늠해본다.

이 네 가지 전술을 통해 적의 역량을 파악한 후 계책을 만들면 승리를 얻을 수 있다.

아군의 배치는 일정한 형태가 없게 한다

故 形兵之極 至於無形
고 형병지극 지어무형

無形則深間 不能窺 智者 不能謀
무형즉심간 불능규 지자 불능모

그러므로 군대의 진형을 갖추는 극치의 경지는 무형에 이르는 것이다.
형태가 없으면 깊이 침투한 간첩도 (아군의 진형을) 알아낼 수 없고,
지혜로운 자도 계책을 세울 수 없다.

적군의 사정을 훤히 꿰뚫고 있더라도 아군의 상황이 노출되면 승리를 장담할 수 없다. 그래서 적의 허점을 발견하는 것 못지않게, 아군의 형세를 드러내지 않는 것이 중요하다. 아군의 배치를 누구나 알기 쉽게 하면, 적의 첩자가 진형을 금세 파악해버린다. 일정한 형태가 없는 듯이, 이해하기 힘들게 배치하고 상황에 따라 유연하게 움직이게 해야 한다. 누구나 알 수 있는 뻔한 방법을 쓰지 말라는 것이다.

아군마저 전술을 알지 못하게 한다

因形而錯勝於衆 衆不能知
인형이조승어중 중불능지

人皆知我 所以勝之形 而莫知吾所以制勝之形
인개지아 소이승지형 이막지오소이제승지형

(이와 같이) 군대의 진형을 없이하여 많은 사람 앞에서 승리하더라도
사람들은 (승리의 구체적인 내용을) 알지 못한다.
사람들은 모두 승리할 때 군대의 진형은 알지만,
어떻게 군대의 진형을 만들었는지 (그 전술을) 알지 못한다.

앞서 말한 것처럼 나의 의도는 드러내지 않고 상대의 의도를 정확하게 파악하는 것이 승리의 요체다. 뛰어난 장수는 함께 한 아군들조차도 어떤 전술로 이겼는지, 어떻게 진형을 변화시켜 갔는지 알지 못하게 한다. 장수는 일반 군사들보다 한 수, 아니 두세 수 더 높아야 한다. 유연한 전술을 구사하되, 누구도 눈치채지 못하게 한다. 아군도 모르는 전술을 상대가 어떻게 파악할 수 있겠는가? 파악할 수 없는 적에게는 절대 승리하지 못한다.

한 번 쓴 계책은 다시 쓰지 않는다

故 其戰勝不復 而應形於無窮
고 기 전 승 불 부 이 응 형 어 무 궁

그러므로 전쟁에서 한 번 승리한 계책은 되풀이해 쓰지 않고,
상대의 형세에 대응하여 무궁무진해야 한다.

머리가 굳은 장수는 항상 승리하기 어렵다. '예전에 이렇게 해서 승
리했다'라는 생각에 빠져 있으면 발전이 없다. 전쟁의 승리는 고정된
함수가 아니다. 어떤 조건 값을 넣는다고 해서 반드시 승리라는 결과
가 나오지 않는다. 상대에 따라 다른 전술을 구사해야 한다. 적의 강
점과 약점은 제각각이기 때문이다. 심지어 같은 상내라고 하더라도
상황에 따라 다르게 대응해야 한다. 한 번 쓴 계책은 폐기하고 늘 새
롭게 연구하는 것이 승리의 길이다.

강한 곳을 피하고 약한 곳을 공격한다

夫兵形 象水 水之形 避高而趨下
부 병 형　상 수　수 지 형　피 고 이 추 하

兵之形 避實而擊虛
병 지 형　피 실 이 격 허

水因地而制流 兵因敵而制勝
수 인 지 이 제 류　병 인 적 이 제 승

무릇 군대의 형세는 물과 같은 형상을 띠어야 한다.

물의 형세는 높은 곳을 피해 낮은 곳으로 달려간다.

군대의 형세는 충실한 곳을 피하고 약한 곳을 공격하는 것이다.

물은 땅의 모양에 의해 흐름이 만들어진다.

전쟁은 적으로 말미암아 승리가 만들어진다.

손자는 유연한 군대의 형세를 강조한다. 물이 높은 곳으로 향하지 않듯, 상대의 강한 곳은 피해야 한다. 물이 낮은 곳으로 흘러내리듯, 상대의 약한 곳을 공격한다. 전쟁에서 군대의 움직임이 굳어 있으면 패배로 가는 것이고, 유연하면 승리를 향하는 것이다. 물이 지형에 따라 흐름을 바꾸듯이, 군대는 적의 형세에 대응해서 승리할 수 있는 형세를 취해야 한다. 항상 이기는 장수는 상황에 따라 전술을 바꾸는 유연함을 갖춘 사람이다.

모든 것이 변하듯 형세도 변해야 한다

故 兵無常勢 水無常形
고 병무상세 수무상형

能因敵變化 而取勝者 謂之神
능인적변화 이취승자 위지신

故 五行 無常勝 四時 無常位
고 오행 무상승 사시 무상위

日有短長 月有死生
일유단장 월유사생

그러므로 군대는 일정한 형세가 없고, 물은 일정한 형상이 없다.

적에 따라 변화함으로써 승리를 얻는 것을 일컬어 '신(神)'이라 한다.

그러므로 오행에는 항상 이기는 것이 없고, 사계절도 고정되어 있지 않다.

해에도 길고 짧음이 있고, 달도 차고 기운다.

동양의 음양오행론에서는 '음양(陰陽)'과 음양에서 분화한 '오행(五行)', 즉 '목화토금수(木火土金水)'가 세상의 변화를 이룬다고 본다. 오행은 서로 생(生)하기도 하고, 극(剋)하기도 하는데 항상 이기는 것이 없이 순환한다. 쇠(金)는 나무(木)를 자르지만, 불(火)에 녹는다. 불(火)은 물(水)을 뿌리면 꺼지고, 물(水)은 흙(土)을 만나면 막힌다. 하지만 흙(土)은 다시 나무(木)의 양분이 되어 먹힌다. 사계절도 끊임없이 순환한다. 이렇게 만물이 변화하듯 군대의 형세도 변화하는 것이 기본이다.

微乎微乎 至於無形 神乎神乎 至於無聲
미 호 미 호 지 어 무 형 신 호 신 호 지 어 무 성

故 能爲敵之司命
고 능 위 적 지 사 명

미묘하고 미묘하여 형태가 없는 데에 이르고,

신묘하고 신묘하여 소리가 없는 데에 이른다.

그러므로 적의 생명을 관장하는

신의 경지가 될 수 있다.

유리한 조건을 취하려면

군쟁편 軍爭篇

'군쟁(軍爭)'은 '먼저 유리한 조건을 얻기 위해 다투는 것'이다.
여기서 유리한 조건이란 시간과 공간에 대한 것이다.
유리한 시간은 아군의 기세가 강하고 적군은 지친 시간이고,
유리한 공간은 아군에게는 이롭고 적에게는 불리한
지형이나 지점을 뜻한다.
지름길을 두고 우회하는 것처럼
상대를 속여 유리함을 만드는 것을 강조한다.

상대의 예측을 벗어나려면
어려운 길을 가야 한다

孫子曰 凡用兵之法 將受命於君
손자왈 범용병지법 장수명어군

合軍聚衆 交和而舍 莫難於軍爭
합군취중 교화이사 막난어군쟁

軍爭之難者 以迂爲直 以患爲利
군쟁지난자 이우위직 이환위리

손자가 말하였다.

무릇 용병법은 장수가 군주로부터 명을 받고,

삼군을 한곳에 모으고, 많은 사람을 징병하여 적과 대치하는 것이다.

(아군과 적이 서로 유리한 위치에 서기 위한) '군쟁(軍爭)'보다 어려운 것이 없다.

군쟁의 어려운 점은 멀리 돌아가면서도 곧바로 가는 것처럼 하는 것이니,

어려움을 이롭게 만들어야 하는 것이다.

'군쟁(軍爭)'은 아군과 적군이 전쟁에서 서로 유리한 조건을 얻기 위해 다투는 것이다. 적보다 유리하려면 적이 예상할 수 없는 방식으로 움직여야 한다. 적의 예상을 뛰어넘으려면 상식에서 벗어나 다르게 생각해야 한다. 때로는 직선으로 가면 될 길을 돌아가는 어려움을 무릅써야 하고, 그것을 아군의 이익이 되도록 만들 수도 있어야 한다.

적을 속여 유리함을 만든다

故 迂其途 而誘之以利 後人發 先人至
고 우기도 이유지이리 후인발 선인지

此 知迂直之計者也
차 지우직지계자야

그러므로 그 길을 우회하면서 이로운 것으로써 적을 유인하면,
(적보다) 나중에 출발한 아군이 (오히려) 먼저 도착하는 것이니,
이것이 우직지계, 우회하면서도 직진하는 것보다 더 빨리 목적지에 도착하
는 계책을 안다고 하는 것이다.

여기서 핵심은 '우직지계(迂直之計)'라는 말이다. 우회하며 늦는 것
처럼 보이면서도 오히려 먼저 도착하는 것, 즉 적의 예측을 빗나가게
하는 것이다. 우직지계에 대해서는 여러 가지로 해석할 수 있다. 먼
저, 평탄한 길을 두고 산을 넘어 우회하여 공격하는 경우처럼, 허를
찌르는 것이다. 혹은 전략적 요충지를 확보하기 위해 마치 아군이 멀
리 돌아가는 것처럼 하면서 적의 경계를 느슨하게 하거나, 미끼를 던
져 적을 유인해 적의 행군을 지연시키고, 먼저 가서 점거할 수도 있
다. 나중에 출발한 줄 알았던 아군이 오히려 먼저 요충지를 차지하는
것이다. 결국 적을 속여 유리한 상황을 만드는 것이 핵심이다.

서두르면 위험해질 수 있다

故 軍爭 爲利 軍爭 爲危
고 군쟁 위리 군쟁 위위

舉軍而爭利則不及 委軍而爭利則輜重捐
거 군 이 쟁 리 즉 불 급   위 군 이 쟁 리 즉 치 중 연

그러므로 군쟁은 유리한 것이 되기도 하고, 위험한 것이 되기도 한다.
전군을 거느리고 (군쟁이라는) 이익을 얻으려면 (목적지에) 이르지 못하고,
군사를 나누어 (군쟁이라는) 이익을 얻으려면 군수물자(輜重)를 버려야 한다.

'군쟁(軍爭)'은 어려우면서 위험한 것이다. 그를 통해 차지하는 유리한 조건에는 여러 가지가 있지만, 손자는 여기서 주로 지리적인 요충지를 얻는 것을 전제로 이야기를 전개하고 있다. 전군을 모두 움직이려면 기동성이 떨어져 제때 목적지에 이르지 못한다. 반대로 군사를 쪼개서 일부만 움직이면 뒤에 따라오는 보급부대와 앞선 전투부대 사이가 벌어지게 되고, 전투력이 약한 보급부대는 적의 기습을 받을 수도 있다. 확실한 우위를 점하고 있지 못할 때는 주도권을 쥐기 위해 위험을 감수해야 하지만, 서두르면 위험해질 수 있다.

속도에만 집착하면 위태롭다

卷甲而趨 日夜不處 倍道兼行 百里而爭利 則擒三將軍
권 갑 이 추 일 야 불 처 배 도 겸 행 백 리 이 쟁 리 즉 금 삼 장 군

勁者先 疲者後 其法 十一而至
경 자 선 피 자 후 기 법 십 일 이 지

五十里而爭利 則蹶上將軍 其法 半至
오 십 리 이 쟁 리 즉 궐 상 장 군 기 법 반 지

三十里而爭利 則三分之二至
삼 십 리 이 쟁 리 즉 삼 분 지 이 지

갑옷을 말아쥐고 밤낮으로 쉬지 않고 2배의 속도로 100리 길을 달려 이로움을 얻으려 하면 삼군의 장수가 사로잡히게 된다. 강한 자는 앞서고 지친 자는 뒤처지니, 병력의 10분의 1만 겨우 도착한다. 50리 길을 달려 이로움을 얻으려 하면 상장군을 잃고, 병력의 절반만 겨우 도착한다. 30리 길을 달려 이로움을 얻으려 하면 3분의 2만 도착한다.

너무 멀리 있는 요충지를 선점하고자 하면 위태롭다. 속도에만 집착하게 되어 기습에 대응이 어렵다. 목적지에 도착하더라도 소수뿐이라면 오히려 포위당해 전멸한다. '삼군의 장수가 사로잡힌다'는 것은 군의 전멸을 말한다. 거리가 멀수록, 서두르면 서두를수록 병력이 분산되고 전투력이 약화된다.

보급품을 챙기지 않으면
심각한 위기에 처한다

是故 軍無輜重則亡 無糧食則亡 無委積則亡
시 고 군 무 치 중 즉 망 무 량 식 즉 망 무 위 적 즉 망

이 때문에 군대는 군수물자가 없어 패망하고,

양식이 없어 패망하며,

위적(委積, 전시를 대비해 맡겨서 쌓아 둔 보급품)이 없어 패망한다.

앞에서 살펴본 것과 같이, 전략적인 우위를 차지하기 위해 무리해서 빨리 움직이다 보면 군수물자가 부족해질 수 있다. 보급품을 챙기지 않으면 심각한 위기에 처한다. 말 먹이가 없으면 기병대의 힘이 약해지고, 화살이 떨어지면 궁수부대는 무용지물이 된다. 식량이 부족하면 군대의 사기가 꺾이고, 좋은 위치를 차지해도 오래 버티지 못한다. 장수는 무리하더라도 유리한 조건을 획득할지, 안정적으로 군대를 운영할지 현명하게 판단해야 한다.

정보를 수집하고 신중하게 움직여라

故 不知諸侯之謀者 不能豫交
고 부지제후지모자 불능예교

不知山林險阻沮澤之形者 不能行軍
부지산림험조저택지형자 불능행군

不用鄕導者 不能得地利
불용향도자 불능득지리

그러므로 제후들의 계책을 알지 못하는 장수는 미리 교섭할 수 없고,

산림, 험지, 습지의 지형을 알지 못하는 장수는 행군할 수 없고,

그 지역의 길잡이를 쓰지 않으면 지리상 이점을 얻을 수 없다.

　

군대가 패망하면 나라가 위태로워진다. 그래서 군대의 움직임은 신중하게 하지 않을 수 없다. 군대를 움직일 때는 신속히 하더라도, 의사결정을 위해서는 충분한 정보를 수집하고 분석해야 한다. 전쟁 전에 이웃하는 다른 나라들의 속셈을 파악할 수 있으면, 사전에 동맹을 맺어 위험을 막거나 견제할 수 있다. 싸움터의 지형을 잘 알고 있어야 신속하게 군대를 기동할 수 있으며, 그 지역의 길잡이를 써서 지름길과 막힌 곳 등 지형에 대해 숙지해야 전투를 아군에게 유리하게 이끌어갈 수 있다.

전쟁의 기본은 적을 속이는 것이다

故 兵 以詐立 以利動 以分合 爲變者也
고 병 이사립 이리동 이분합 위변자야

그러므로 전쟁은 적을 속임으로써 승리의 기초를 세우고,
이로움에 따라 움직이며, 병력을 나누고 합쳐 변화를 만드는 것이다.

　　전쟁의 기본은 적을 속이는 것이다. 속여야 빈틈을 찾을 수 있고,
빈틈을 찾아야 유리함을 얻어 적은 군대로도 많은 수의 적을 이길 수
있다. '속인다(詐)'는 것은 기만하는 술책을 쓴다는 의미도 있지만, 군
대를 운영하는 것과도 관련이 있다. 〈병세편〉에서 '기정상생(奇正相生,
기(奇)와 정(正)이 서로 낳는 것)'을 강조한 것과 같이 군대를 정병, 기병으
로 나누고, 전군, 중군, 후군으로 조직하여 기습하고, 매복하는 등 다
양한 변화를 만드는 것이다. 잘 싸우는 장수는 적을 속여 아군의 이
로움을 만들고, 그 이로움에 따라 움직이며, 무궁한 변화로 승리를 얻
는다.

용병은 변화무쌍해야 한다

故 其疾如風 其徐如林 侵掠如火 不動如山
고 기질여풍 기서여림 침략여화 부동여산

難知如陰 動如雷震
난 지여음 동여뢰진

그러므로 (용병의) 빠르기가 바람과 같고, 고요함은 숲과 같다.

공격하고 약탈하는 때는 불과 같고, 움직이지 않을 때는 산과 같다.

(적이) 알아채기 어려움은 어둠 속에 있는 것과 같고, 기동할 때는 천둥과 벼

락이 치는 것과 같다.

용병할 때는 승리와 이익을 위해 변화무쌍해야 한다. 사마귀는 배
가 고플 때 옆에서 보면 불쌍하다는 생각이 들 정도로 비실비실해 보
인다. 마치 기도하듯이 가냘픈 두 앞발을 모으고 무심한 듯 서 있다.
그러다 먹잇감이 다가오면 분위기가 달라진다. 순식간에 낫처럼 생
긴 발로 상대를 꼼짝달싹하지 못하게 낚아챈 뒤에, 강한 입으로 뜯어
먹기 시작한다. 어떤 곤충도 그 자리에서 제압당한다. 용병도 이처럼
변화무쌍해야 한다.

군사들과 이익을 나눈다

掠鄕分衆 廓地分利 懸權而動
약 향 분 중 확 지 분 리 현 권 이 동

적의 마을을 약탈하여 군사들에게 나누어주고,

적의 땅을 점령해 넓어지면 군사들과 이익을 나누며,

상황을 저울질해 (아군에게 불리한지 유리한지 따져보고) 병력을 움직여야

한다.

손자의 비정하리만큼 현실적인 면모를 드러내 보여주는 말이다.
적진에 들어가면 마을을 약탈해 전리품과 식량 따위를 군사들에게 나
누어주는 것, 땅을 점령해서 얻는 이익을 함께 나누는 것은 아군의 사
기를 높이기에 분명 좋은 방법이다. 하지만 인도적인 측면에서 봤을
때는 지나치게 가혹해 보이기도 한다. 적국 고을 사람들은 무슨 죄란
말인가? 하지만 손자는 이런 질문을 아마 이렇게 일축할 것이다.

"전쟁은 현실이다."

유리한 상황은 만드는 것이지, 주어지지 않는다

先知迂直之計者 勝 此 軍爭之法也
선 지 우 직 지 계 자 승 차 군 쟁 지 법 야

'우직지계(우회하면서도 직진하는 것보다 더 빨리 목적지에 도착하는 계책)'를 먼저 아는 장수가 승리하니, 바로 이것이 군쟁의 법칙이다.

앞서 언급한 바와 같이 '우직지계(迂直之計)'의 핵심은 적을 속여 유리한 상황을 만드는 것이다. 적이 상황을 제대로 파악하지 못하게 한 뒤에, 빈틈을 노려 번개처럼 움직여 기선을 제압하는 것이 승리의 길이다. 아군에게 유리한 상황은 정해진 조건에서 주어지는 것이라기보다는 장수가 적극적으로 만드는 것이다. 빈틈없어 보이는 적을 아군의 시나리오대로 잡고 흔들어 틈을 만드는 것이 장수의 능력이다.

군사들의 주의를 한곳에 집중한다

軍政 曰 言不相聞 故 爲金鼓
군 정 왈 언 불 상 문 고 위 금 고
視不相見 故 爲旌旗
시 불 상 견 고 위 정 기
夫金鼓旌旗者 听以一民之耳目也
부 금 고 정 기 자 소 이 일 민 지 이 목 야

옛 병법서《군정》에서 말하였다.

(전투 중에는) 말해도 서로 들리지 않으니 징과 북을 이용하고,

보아도 서로 보이지 않으니 새털로 장식한 정(旌)과 깃발을 사용한다.

무릇 징과 북, 신호용 깃발은 군사들의 귀와 눈을 한곳에 집중되도록 한다.

전투 상황에서 군사들은 혼란스럽다. 말 울음소리, 병장기끼리 부딪치는 소음, 다친 동료들의 신음 등 그야말로 아비규환이다. 이런 상황에서도 장수의 지시가 명확하게 전달되는 군대는 힘을 발휘하지만, 그렇지 못하는 군대는 우왕좌왕하고, 군사들이 이탈하기 쉽다. 혼란한 상황에서 군사들의 주의를 집중시키려면 어느 곳에서나 볼 수 있고, 들을 수 있는 수단을 활용해야 한다. 징과 북의 신호로 군사들의 귀를 하나 되게 하고, 신호용 깃발로 군사들의 눈을 하나 되게 하는 것이다.

군사들을 장수의 뜻대로 움직이게 한다

民旣專一 則勇者 不得獨進 怯者 不得獨退
민 기 전 일 즉 용 자 부 득 독 진 겁 자 부 득 독 퇴

此 用衆之法也
차 용 중 지 법 야

군사들의 마음이 이미 한곳에 집중되면
용감한 자라도 홀로 앞서 나가지 않고
겁이 많은 자라도 홀로 물러나지 않는다.
이것이 많은 군사를 다루는 방법이다.

군사들의 능력이나 개성은 제각각이다. 성미가 급하고 용감한 군사는 적이 조금만 도발해도 참지 못하고 적진으로 뛰어들 것이다. 반대로, 겁이 많은 군사는 싸우기도 전에 전쟁터에서 도망가려고 할 수도 있다. 하지만 지휘 체계를 잘 정비하고 이를 바탕으로 군사들을 잘 훈련하면, 군사들이 장수의 지휘대로 일사불란하게 움직인다. 아무리 많은 병력이라도 한 몸처럼 움직일 수 있다.

상황에 맞게 통제하는 신호 도구를 바꾼다

故 夜戰 多火鼓 晝戰 多旌旗
고 야전 다화고 주전 다정기

所以變民之耳目也
소 이 변 민 지 이 목 야

그러므로 야간 전투에서는 횃불과 북소리를 많이 쓰고, 주간 전투에서는 깃발을 많이 쓰니,

군사들의 귀와 눈이 변하는 까닭이다.

장수가 군대를 지휘할 때 상황에 맞는 방식을 활용해야 한다. 밤에는 횃불을 사용하면 눈에 잘 띈다. 북소리를 활용하는 것도 효과적이다. 하지만 낮에는 햇빛 때문에 횃불이 눈에 잘 띄지 않는다. 그러니 큰 기를 쓰는 것이 더 낫다. '군사들의 귀와 눈이 변한다'는 것은 '상황에 따라 군사들이 더 잘 인식할 수 있는 것이 달라진다'는 말이다. 장수는 이렇게 군사들의 관점에서 그들의 이목을 더 잘 집중시킬 수 있는 도구를 활용해야 한다.

마음이 하나로 집중되면
적의 기세를 꺾을 수 있다

故 三軍可奪氣 將軍可奪心
고 삼 군 가 탈 기 장 군 가 탈 심

그러므로 (아군의 마음이 하나로 집중되면)
삼군(적의 전군)이라 해도 기세를 꺾을 수 있고, 적장의 의지를 빼앗을 수
있다.

군대가 장수의 의지대로 질서정연하게 움직인다면, 군사들의 힘을
하나로 모을 수 있다. 이렇게 집중된 힘은 강한 기세도 뚫어낼 수 있
다. 즉, 아군은 '실(實)'을 이루는 것이다. 적의 병력과 아군의 병력이
엇비슷한 상황이라면, '실(實)'을 얻는 쪽이 상대를 확실하게 제압할
수 있다. 적군 전체의 기세마저도 꺾을 수 있고, 적장의 싸울 의지를
빼앗을 수도 있다. 어떤 조직이든 구성원들의 힘을 하나로 모을 수
있는 시스템을 갖추면 몇 배의 역량을 발휘한다.

적의 날카로운 기세를 피한다

是故 朝氣 說 晝氣 惰 暮氣 歸
시 고 조 기 예 주 기 타 모 기 귀
故 善用兵者 避其說氣 擊其惰歸 此 治氣者也
고 선 용 병 자 피 기 예 기 격 기 타 귀 차 치 기 자 야

아침에는 적의 기세가 날카롭지만, 낮에는 나태해지며, 저녁에는 쉬려 한다.
그러므로 용병을 잘하는 장수는 예리한 기세를 피하고, 나태해지고 쉬려 할
때 공격하니, 이것이 기세를 다스리는 것이다.

적수가 없어 보이는 맹수도 잘 때는 얌전한 고양이와 같다. 맹수를
잡으려면 한창 기운이 강할 때를 피하고, 비실비실할 때를 노려야 한
다. 마찬가지로 전쟁에서 적의 기세가 강할 때는 공격하지 말고, 적
의 사기가 떨어졌을 때 공격하는 것이 상책이다. 아침은 기운이 가장
왕성할 때이니, 공격을 피해야 한다. 오후에는 조금씩 나태해지며,
저녁이 되면 집에 가고 싶은 마음이 든다. 적의 기세가 가장 약한 저
녁에 아군의 기세를 끌어올려 공격하는 것이 가장 효과적이다. 눈에
보이지 않는 기세를 잘 관리하는 것도 장수의 역할이다.

통제된 아군으로 혼란한 적을 기다린다

以治待亂 以靜待嘩 此 治心者也
이 지 대 란 이 정 대 화 차 치 심 자 야

(아군이) 잘 통제된 상태에서 (적이) 혼란해지기를 기다리고,

(아군은) 조용한 태세로 (적이) 시끄러워지기를 기다리니,

이것이 (장수의) 마음을 다스리는 것이다.

〈군쟁편〉에서는 적과 비교해 조금이라도 유리한 조건을 얻기 위한
실질적인 방법이 많이 나온다. 적과 아군이 모두 질서정연하게 통제
된 상황이라면, 적의 흐트러짐을 기다려야 한다. 적 내부에서 의견이
나누어지거나 소란스러워지기를 기다리면 싸우기 전에 이미 승리하
는 것이다. 전쟁의 승리를 위해서는 물리적인 힘과 심리적인 힘 모두
가 중요하다. 물리적인 힘이 크게 차이 나지 않는다면 심리를 잘 다
스리는 자가 승리한다.

적이 지치기를 기다려 싸운다

以近待遠 以佚待勞 以飽待飢 此 治力者也
이근대원 이일대로 이포대기 차 치력자야

(아군은 전쟁터에) 가까이 있으면서 멀리서 오는 적을 기다리고,
편안하게 있으면서 적이 피로해지기를 기다리며,
배부르게 먹으면서 적은 굶주리기를 기다리니,
이것이 전투력을 다스리는 것이다.

고대의 전투에서 군사들의 체력은 곧 군대의 전투력과 직결되었
다. 멀리서 이동하거나, 피로하거나, 굶주린 군대는 그만큼 전투력이
떨어질 수밖에 없다. 아군의 전투력은 보존하면서, 적의 전두력을 떨
어뜨리는 계책을 쓰는 장수가 승리할 수 있다. 전쟁은 절대평가가 아
니라 상대평가다. 나와 싸우는 적보다 전투력이 강하기만 하면 된다.
물리적인 힘은 한정되어 있다. 아군의 전투력을 끌어올리기 힘들다
면, 상대의 힘을 소모시키면 된다.

준비된 적은 공격하지 않는다

無邀正正之旗 勿擊堂堂之陣 此 治變者也
무 요 정 정 지 기 물 격 당 당 지 진 차 지 변 자 야

깃발이 질서정연한 적은 맞아 싸우지 말고,
위세가 당당한 적의 진지는 공격하지 말아야 하니,
이것이 갑작스러운 변화를 다스리는 것이다.

깃발이 질서정연하고, 위세가 당당한 적은 준비된 적이다. 적이 준비되었다는 말은 아군의 공격 타이밍이나 공격 장소를 정확하게 예측한다는 것이다. 적의 예상대로 공격하는 것은 가장 좋지 않은 방법이다. 준비하고 있는 적은 날카롭다. 권투에서도 상대가 예측하는 방식으로 펀치를 날리면, 상대는 어깨나 글러브로 완벽하게 방어한 뒤에 오히려 역공을 펼친다. '갑작스러운 변화'는 상대방의 태세 변화, 즉 역공으로 볼 수 있다.

살길을 터주어야 한다

故 用兵之法 高陵勿向 背丘勿逆 佯北勿從 銳卒勿攻
고 용병지법 고릉물향 배구물역 양배물종 예졸물공
餌兵勿食 歸師勿遏 圍師必闕 窮寇勿迫
이병물식 귀사물알 위사필궐 궁구물박
此 用兵之法也
차 용병지법야

그러므로 용병의 방법은 높은 언덕을 향해 공격하지 말고, 언덕을 등진 적을 거슬러 공격하지 말아야 한다.
거짓으로 달아나는 적은 쫓지 말고, 용맹한 적병은 공격하지 말아야 한다.
미끼로 풀어둔 적을 덥석 물지 말고, 돌아가는 적을 막지 말아야 한다.
포위된 적은 반드시 퇴로를 열어주고, 막다른 곳에 몰린 적은 압박하지 말아야 한다. 이것이 용병의 법칙이다.

적의 전투력이 날카로워지는 상황에서는 싸우면 안 된다. 적군의 전투력이 강해지는 때는 적이 유리한 위치를 차지하고 있거나, 사기충천할 때 혹은 궁지에 몰려 싸울 수밖에 없을 때다. 이럴 때는 공격하지 말아야 한다. 그런 상황 자체를 만들지 않는 것도 중요하다. 특히 포위된 적에게 살길을 터주지 않고 압박하면, 적은 죽음을 무릅쓰고 공격할 것이고, 이런 경우 아군이 승리한다 하더라도 피해가 클 것이다.

軍爭之難者 以迂爲直 以患爲利
군쟁지난자 이우위직 이환위리

군쟁의 어려운 점은 멀리 돌아가면서도
곧바로 가는 것처럼 하는 것이니,
어려움을 이롭게 만들어야 하는 것이다.

변화에 제대로 대응하려면

구변편 九變篇

'구변(九變)'은 '다양한 상황에서의 임기응변'을 말한다.
장수는 전쟁에서 자유자재로 대응할 수 있어야 한다.
이로움과 해로움을 헤아리고,
지형이나 적의 상황 등에 따라 다양한 전술을 구사해야 승리할 수 있다.
이 편에서는 장수가 피해야 할 다섯 가지 위태로움을 제시하며,
전쟁의 승패는 장수의 책임임을 강조한다.

지형에 따라 대응하는 방법

孫子曰 凡用兵之法 將受命於君 合軍聚衆
손자왈 범용병지법 장수명어군 합군취중
圮地無舍 衢地合交 絶地無留 圍地則謀 死地則戰
비지무사 구지합교 절지무류 위지즉모 사지즉전

손자가 말하였다. 무릇 용병법은 장수가 군주로부터 명을 받아 삼군을 모으
고, 많은 사람을 징병하는데, 지반이 약해 무너지는 땅에는 주둔하지 말고,
타국과 국경을 접하고 있는 곳에서는 외교 관계를 맺어야 하며,
아군과 멀리 떨어져 고립된 곳에서는 머물지 말아야 하고,
사방이 막혀 포위되기 쉬운 곳에서는 계략으로써 벗어나야 하며,
죽을 땅에서는 싸워야 한다.

유능한 장수는 지형에 따라 구체적인 대응 전략을 마련해야 한다.
지반이 약한 땅에서는 적의 공격에 쉽게 무너질 수 있으니 피해야 한
다. 다른 제후국과 국경이 맞닿은 곳에서는 외교 관계를 정리해두어
야 전투에 집중할 수 있다. 아군과 떨어져 고립되지 않도록 주의하되,
어쩔 수 없을 때는 죽기 살기로 싸울 수 있어야 한다. 장수라면 지형
뿐만 아니라, 전쟁과 관련된 여러 상황에 맞게 적절하게 대응할 수 있
어야 한다. 머리가 말랑말랑한 장수가 전쟁을 승리로 이끌 수 있다.

장수는 언제나 유연하게 대응해야 한다

塗有所不由 軍有所不擊
도 유 소 불 유　군 유 소 불 격

城有所不攻 地有所不爭 君命有所不受
성 유 소 불 공　지 유 소 부 쟁　군 명 유 소 불 수

길에는 거치지 말아야 할 길이 있고, 군대에는 공격하지 말아야 할 군대가
있다.
성에는 함락하지 말아야 할 성이 있고, 땅에는 다투지 말아야 할 땅이 있다.
군주의 명(命)이라도 받들지 말아야 할 것이 있다.

　　장수는 시시각각 변하는 전투 상황에서 아군의 역량을 가장 크게
발휘하고, 적의 허점을 찌르는 최선책을 찾아야 한다. 즉, 유연한 사
고가 중요하다. 지름길이라도 기습이 예상되면 돌아간다. 적의 허를
찌르기 위해 멀쩡한 길을 두고 일부러 산을 넘거나 강을 건너야 할 경
우도 있다. 잘 훈련된 군대는 공격하지 말고, 아군에 큰 피해가 예상
된다면 때로는 성을 함락하지 말고 돌아가야 한다. 얻는 이익보다 피
해가 더 크다면 다투지 말아야 할 땅이 있으며, 때로는 군주의 명령이
라도 듣지 않을 수 있다.

다양한 변화에 대응할 수 있어야 한다

故 將通於九變之利者 知用兵矣
고 장 통 어 구 변 지 리 자 지 용 병 의

將不通於九變之利者 雖知地形 不能得地之利矣
장 불 통 어 구 변 지 리 자 수 지 지 형 불 능 득 지 지 리 의

治兵 不知九變之術 雖知五利 不能得人之用矣
치 병 부 지 구 변 지 술 수 지 오 리 불 능 득 인 지 용 의

그러므로 아홉 가지 변화의 이로움에 통달한 장수는 용병에 대해 아는 것
이다. 장수가 아홉 가지 변화의 이로움에 통달하지 못한 사람이라면,
비록 지형에 관해 알더라도 그 이로움을 얻을 수 없다.
군대를 다스리면서 아홉 가지 변화의 전술을 알지 못하면,
비록 다섯 가지 이로움을 알더라도 사람에게 활용하는 법을 얻지 못한다.

동양에서 '9'는 '많은, 가득 찬'이라는 의미다. 즉, '아홉 가지 변화'란
'전쟁 상황에서의 다양한 변화'를 뜻한다. '다섯 가지 이로움'에 대한
해석은 다양한데, 문맥상 〈구변편〉 첫 장에 나오는 '다섯 가지 지형(圮
地, 衢地, 絶地, 圍地, 死地)의 이로움'으로 해석하는 것이 타당하다.

장수는 이론에만 매몰되어 있지 말고, 실전에서 응용하는 데 능통
해야 한다. 아는 것이 많아도 실제 전쟁 상황에서 변칙적으로 대응하
지 못하고, 용병에 적용하지 못하면 승리를 얻을 수 없다.

이로움과 해로움을 함께 헤아린다

是故 智者之慮 必雜於利害
시 고 지 자 지 려 필 잡 어 리 해

雜於利 而務 可信也 雜於害 而患 可解也
잡 어 리 이 무 가 신 야 잡 어 해 이 환 가 해 야

그러므로 지혜로운 장수는 반드시 이로움과 해로움을 함께 헤아린다.

(해로운 상황이라도) 이로움을 함께 헤아리면 임무에 믿음을 가질 수 있고,

(이로운 상황이라도) 해로움을 함께 헤아리면 근심을 풀 수 있다.

모든 상황은 동전의 양면처럼 이로움과 해로움이 함께 한다. 지혜로운 장수는 이로운 상황에서도 해로움을 생각하고, 해로운 상황에서도 이로움을 생각한다. 어려운 상황에서도 전투에서 승리했을 때 얻을 수 있는 것을 생각하면, 확신에 차서 임무를 수행할 수 있다. 반대로, 일이 잘 풀리는 상황에서 닥칠지 모르는 환란에 대비하면 피해를 줄일 수 있다. 계략을 쓸 때도 이로움과 해로움을 생각하고 그것을 활용해 적을 조종할 수 있다면 승리할 수 있다.

적극적으로 적을 조종하라

是故 屈諸侯者 以害 役諸侯者 以業
시 고 굴 제 후 자 이 해 역 제 후 자 이 업
趨諸侯者 以利
추 제 후 자 이 리

그러므로 해로움으로써 적국 제후를 굴복시키고,

(이익이 되지 않는) 일로써 부리며,

이익으로써 달려오게 한다.

적의 움직임은 예측하거나 바라는 것이 아니라, 조종하는 것이다.
그 방법은 적이 이로움을 얻고자 하는 마음과 불이익을 피하려 하는
마음을 거꾸로 이용하는 것이다. 아군에게 도전해오는 적에게는 싸
웠을 때 일어날 해로움을 보여주어 싸울 의지를 꺾어버린다. 그리고
실제로는 이익이 아닌데 마치 좋은 것처럼 보이도록 해서 쓸데없는
일에 국력을 소모하게 한다. 또한, 적국을 설득해 아군과 외교 관계
를 맺으면 이익을 얻게 된다고 믿도록 한다. 실제로 이익인지 아닌지
는 중요하지 않다. 적이 그렇게 믿도록 하는 것이 중요하다.

완벽하게 준비하고 자신을 믿는다

故 用兵之法 無恃其不來 恃吾有以待也
고 용병지법 무시기불래 시오유이대야

無恃其不攻 恃吾有所不可攻也
무시기불공 시오유소불가공야

그러므로 용병법은 적이 오지 않을 것이라 믿지 말고, 아군이 기다리며 대비하는 방책을 믿으며, 적이 공격하지 않을 것이라 믿지 말고, 아군이 대비함으로써 적이 공격할 수 없음을 믿어야 한다.

적의 움직임은 100% 예측할 수 없다. 적이 언제 어디로 공격할지, 공격하지 않을지 누구도 장담할 수 없다. 전쟁 상황에서는 변수가 워낙 많기 때문이다. 적에게 공격받기 싫으면 완벽하게 준비하면 된다. 빈틈이 없으면 적은 쳐들어올 수 없다. 만약 적이 무모하게 공격해오더라도 아군의 대비태세가 완벽하면 큰 피해 없이 수비에 성공할 수 있다. 완벽하게 준비하고 자신을 믿는 것이 승리하는 장수의 마음가짐이다.

장수가 피해야 할 다섯 가지

故 將有五危
고 장유오위

必死 可殺也 必生 可虜也
필사 가살야 필생 가로야

忿速 可侮也 廉潔 可辱也 愛民 可煩也
분속 가모야 염결 가욕야 애민 가번야

그러므로 장수에게는 다섯 가지 위태로움이 있다.

반드시 죽기로 싸우면 죽을 수 있고, 반드시 살려고 하면 사로잡힐 수 있다.

성내고 성급하면 조롱당할 수 있고,

(지나치게) 청렴결백하면 욕된 일을 겪을 수 있으며,

(지나치게) 백성을 사랑하면 (결단을 내려야 할 순간에) 번민하게 된다.

장수가 실질적인 대비를 하지 않고, 자신의 성정을 다스리지 못하면 낭패를 당한다. 별 계책 없이 죽을 각오로만 싸우면 자신뿐만 아니라 부하들의 목숨이 위태로워진다. 살려고 도망갈 궁리를 하면 사로잡힌다. 성급한 성미를 다스리지 못해 성내면, 적의 계략에 빠져 조롱당할 수 있다. 지나치게 청렴하여 부하들의 조그만 잘못도 용서하지 않으면 배신당할 수 있다. 백성을 너무 사랑하면 목숨을 걸고 싸우라는 명령을 내리지 못하고 번민하다 작전에 실패할 수 있다.

모든 것은 나의 책임이다

凡此五者 將之過也 用兵之災也
범 차 오 자 장 지 과 야 용 병 지 재 야

覆軍殺將 必以五危 不可不察也
복 군 살 장 필 이 오 위 불 가 불 찰 야

무릇 이 다섯 가지는 장수의 허물이고, 용병의 재앙이다.

군대가 전멸되고, 장수가 죽임을 당하는 것은

반드시 다섯 가지 위태로움에서 비롯되니, 살피지 않을 수 없다.

장수의 판단은 군대의 운명과 국가의 존망을 결정한다. 유능한 장군은 전쟁터에서도 손에서 책을 놓지 않는다. 아군이 승리할 수 있는 조건을 만들기 위해 정보를 수집하고 꾸준히 연구한다. 전쟁터에서 일어나는 모든 일은 장수의 책임이기에, 노력하고 연구하지 않을 수 없다. 개인의 삶에서도 모든 것은 자기의 책임이다. 어떻게 준비하고, 결정적인 순간에 어떤 판단을 내리는지에 따라 삶의 궤적이 바뀐다.

실전에서 실력을 발휘하려면

행군편 行軍篇

다양한 지형에서 유리하게 군대를 주둔하고
움직이는 방법에 대해 자세히 전한다.
여기서 '행군(行軍)'은 '군대의 주둔, 이동, 공격 등
군대의 동정(動靜)'을 말한다.
지형에 따른 실질적인 전술과 적의 동태를 파악하는 방법,
실제 전쟁 상황에서의 전술,
전쟁을 대하는 장수의 태도에 대해 배울 수 있다.

산지에서는 높은 곳에 자리 잡는다

孫子曰 凡處軍相敵 絶山依谷 視生處高 戰隆無登
손 자 왈 범 처 군 상 적 절 산 의 곡 시 생 처 고 전 륭 무 등
此 處山之軍也
차 처 산 지 군 야

손자가 말하였다.

무릇 군대가 자리 잡고 적과 대치할 때, 산을 넘어갈 때는 골짜기에 의지하되 (부득이하게 골짜기를 따라 행군하더라도), 탁 트인 곳(生處)을 보고 높은 곳에 주둔해야지, 싸우려고 높은 곳을 오르면 안 된다.

이것이 산지에서 군대를 주둔하고 운용하는 법이다.

고대 전쟁을 살펴보면 산지에서 유리한 위치는 높은 곳이었다. 위에서 아래로 공격하는 것이 힘이 덜 들고 시야 확보가 쉽기 때문이다. 높은 곳에 있으면 활을 쏘는 데 힘이 덜 들고, 바위나 통나무를 굴리기에도 좋다. 공격할 때나 수비할 때 모두 유리하다. 특별한 경우가 아니면 높은 곳에 있는 적을 바라보면서 산을 오르는 방식의 공격은 지양해야 한다. 손자는 조금이라도 유리한 위치를 차지해야 한다는 점을 강조한다.

강에서는 물의 흐름을 거스르지 않는다

絶水 必遠水 客絶水而來 勿迎之於水內 令半濟而擊之 利
절수 필원수 객절수이래 물영지어수내 영반제이격지 이
欲戰者 無附於水而迎客 視生處高 無迎水流
욕전자 무부어수이영객 시생처고 무영수류
此 處水上之軍也
차 처수상지군야

(군대는) 강을 건너면 반드시 물에서 멀리 떨어져야 한다. 적이 강을 건너오
면 물속에서 적을 맞아서는 안 된다. 적이 절반을 건너오게 하고 공격하는
것이 이롭다. 적과 싸우려는 자는 강가에 진을 치지 말고,(강 주변 지형을 살
펴보아) 탁 트인 곳을 보며 높은 곳에 주둔하고, 물의 흐름을 거스르지 말아
야 한다. 이것이 강에서 군대를 주둔하고 운용하는 법이다.

물속에서 싸우면 옷과 신발이 물에 젖어 군사들의 행동이 느려진
다. 군대가 제 능력을 발휘하지 못한다. 그러니 아군은 되도록 물에
서 떨어지고, 적군이 물속에 있을 때 공격한다. 특히 적군이 강을 건
널 때는 절반 정도의 병력이 건넜을 때 공격하는 것이 유리하다. 이
때가 가장 많은 적이 물속에 있기 때문이다. 부득이하게 물속에서 싸
우더라도 물이 흘러 내려오는 방향을 마주 보는 것은 피해야 한다.
물의 저항 때문에 움직임이 더욱 힘들어지기 때문이다.

아무리 힘든 상황이라도
승리의 가능성을 높인다

絶斥澤 惟亟去無留
절 척 택 유 극 거 무 류

若交軍於斥澤之中 必依水草 而背衆樹
약 교 군 어 척 택 지 중 필 의 수 초 이 배 중 수

此 處斥澤之軍也
차 처 척 택 지 군 야

척택(斥澤, 염분이 가득한 땅과 늪지대)를 지날 때는

오직 신속하게 지나가고 머무르지 말아야 한다.

만약 척택에서 교전하게 되면 반드시 수초에 의지하고 (수초를 은폐에 활용

하고), 우거진 나무를 등져야 한다.

이것이 척택에서 군대를 주둔하고 운용하는 방법이다.

늪지대에서는 발이 무겁고, 말과 전차도 기동성이 떨어진다. 이런
곳은 무조건 빨리 지나가는 것이 상책이다. 하지만 싸울 수밖에 없는
상황이 닥치면 조금이라도 유리한 조건을 만들어야 한다. 수초 뒤에
몸을 숨겨 적이 쉽게 공격하지 못하게 한다. 또한, 유사시에 퇴각하
더라도 적이 복병을 의심하여 쫓기 힘들도록 우거진 나무숲을 등지
고 싸우는 것이 유리하다.

평지에서는 퇴로를 확보한다

平陸處易 而右背高 前死後生
평륙처이 이우배고 전사후생
此 處平陸之軍也
차 처평륙지군야
凡此四軍之利 黃帝之所以勝四帝也
범차사군지리 황제지소이승사제야

평지에서는 (어느 방향으로든) 이동하기 쉽고, 오른쪽 뒤편이 높은 곳에 자리 잡는다. 앞쪽은 (지대가 낮아 싸우다 죽을 수 있는) 죽을 땅이라도, 뒤쪽은 (유사시 퇴각할 수 있고 유리한 고지인) 살 땅을 선택한다.

무릇 이와 같은 네 가지 용병의 이로운 점은 황제가 사방의 제왕들에게 승리한 원인이다.

평지는 아군과 적군 모두 기동성이 높아진다. 유사시를 대비해 퇴로를 확보하는 것이 관건이다. '전사후생(前死後生)'의 '전사(前死)'는 '아군의 전면은 적의 시야에서 벗어날 수 있게 가려져 있는 곳을 택한다'라고 볼 수도 있고, '앞쪽은 싸우다 죽을 수도 있는 낮은 지대를 택한다'라고 해석할 수도 있다. '후생(後生)'은 '아군의 배후는 퇴로를 확보한다'라고 볼 수도 있고, '뒤쪽은 전투에서 유리한 고지대를 택한다'라고 해석할 수도 있다.

건강을 관리해야 이길 수 있다

凡軍 好高而惡下 貴陽而賤陰
범 군 호 고 이 오 하 귀 양 이 천 음
養生而處實 軍無百疾 是謂必勝
양 생 이 처 실 군 무 백 질 시 위 필 승

무릇 용병에 있어 높은 곳을 좋아하고 낮은 곳을 싫어하며,

양지를 귀하게 여기고 음지를 천하게 여긴다.

생명을 건강하게 기르고 (기운이) 실한 곳에 머무르면,

군사들에게 온갖 질병이 없어지니 이것을 일러 '필승(必勝)'이라 한다.

군사들이 병에 걸리면 수백 가지 신묘한 계책이 모두 소용없다. 좋은 계책을 수행할 수 있는 손발이 없어지기 때문이다. 유능한 장수는 군사들의 위생상태나 건강까지 신경 써야 한다. 햇볕이 잘 비치고 생기가 있는 곳을 주둔지로 택해, 군사들이 병에 걸리지 않도록 해야 한다.

우리가 어떤 일을 하려고 계획을 세우고도 무너지는 것은 의지가 약해서이기도 하지만, 건강이 뒷받침되지 않는 경우도 많다. 건강해야 무엇이든 할 수 있다.

지형의 우위를 차지해야 한다

丘陵隄防 必處其陽 而右背之
구릉제방 필처기양 이우배지
此 兵之利 地之助也
차 병지리 지지조야

구릉지와 제방에서는 반드시 그 양지바른 곳에 자리 잡되,

언덕과 제방을 오른쪽 뒤편에 둔다.

이렇게 하면 용병에 이롭고 지형의 도움을 받을 수 있다.

　　평지나 구릉지에서도 산지와 마찬가지로 되도록 높은 곳에 자리
잡아야지, 마주 보아선 안 된다. 재미있는 것은 언덕이나 제방과 같
이 완만하게 높은 지형을 오른쪽 뒤편에 두라는 것이다. 많은 군사가
주로 오른손을 쓰는 점을 고려하면, 오른쪽 뒤편의 높은 지형에서 뛰
어 내려오면서 적을 공격하는 것이 병장기를 활용하는 데 더 유리하
다. 손자의 말처럼 지형의 도움을 받으려면 세세한 부분까지도 신경
쓰고 연구해야 한다.

비가 온 뒤 곧바로 강을 건너지 않는다

上雨 水沫至 欲涉者 待其定也
상 우 수 말 지 욕 섭 자 대 기 정 야

상류에 비가 내려 물거품이 떠내려오면
강을 건너려는 자는 그것이 가라앉기를 기다려야 한다.

비가 오면 수면 위에 빗방울이 떨어지면서 물거품을 만든다. 그 물거품이 아직 잦아들지 않고 떠내려오는 것은 비가 그친 뒤 얼마 되지 않았다는 뜻이다. 갑작스러운 비로 불어난 물이 상류에서부터 갑자기 밀려올 수 있으니 비가 그쳤다고 하더라도 바로 강을 건너기보다는 어느 정도 시간을 두고 기다렸다가 건너는 것이 위태로움을 벗어나는 길이다. 위험이 사라졌다고 바로 움직이지 말고 확실하게 확인하는 것이 현명하다.

해로운 지형은 마주 보고 싸운다

凡地 有絶澗天井天牢天羅天陷天隙
범지 유절간 천정천뢰천라천함천극

必亟去之 勿近也 吾遠之 敵近之 吾迎之 敵背之
필극거지 물근야 오원지 적근지 오영지 적배지

무릇 지형에는 절간(絶澗, 막다른 깊은 산골짜기), 천정(天井, 사방이 높은 산으로 둘러싸이고 움푹 팬 땅), 천뢰(天牢, 나오기 힘든 감옥 같은 땅), 천라(天羅, 가시덤불이 우거져 빠져나오기 힘든 지형), 천함(天陷, 땅이 움푹 팬 함정과 같은 지형), 천극(天隙, 좁은 계곡 사이 장애물이 많은 골짜기)이 있으니, 반드시 신속하게 벗어나야 한다. 아군은 멀리, 적군은 가까이 가게 한다. 아군은 마주보고, 적군은 등지게 한다.

사방이 막히거나 움푹 들어간 덫과 같은 지형은 반드시 피해야 한다. 아군은 그런 지형을 마주 보고, 적군은 등지게 하여 퇴로를 차단한다. 그리하면 적이 '배수진(背水陣, 큰 강을 등지고 군사들이 도망가지 못하게 하여 죽기로 싸우게 하는 진형)'을 치는 셈이라 오히려 아군에게 불리한 것이 아닐지 의문이 들 수도 있다. 하지만 적군이 자발적으로 선택한 것이 아니며, 함정 지형으로 도망칠 수 있다는 심리적 여지가 있다는 점이 근본적으로 다르다.

미심쩍은 장소는 신중하게 수색한다

軍旁 有險阻蔣潢 井生葭葦 山林翳薈 必謹覆索之
군 방 유 험 조 장 황 정 생 가 위 산 림 예 회 필 근 복 색 지

此 伏姦之所處也
차 복 간 지 소 처 야

군대 주변에 험조(險阻, 험하고 막힌 골짜기), 장황(蔣潢, 물풀이 있는 웅덩이), 갈대가
우거지고 우물처럼 파인 곳, 산림이 무성하게 우거진 곳이 있으면
반드시 신중하게 반복하여 그곳을 수색해야 한다.
이런 장소에는 복병과 간첩이 숨어 있다.

막혀 있는 골짜기에 들어갔다가 산 위에서 적이 나타나 돌을 굴리
거나 화공을 쓰면 꼼짝없이 당한다. 물풀이 많은 웅덩이에는 풀 뒤에
적군이 매복해 있을 수 있다. 갈대나 산림이 우거진 곳도 의심해보
아야 한다. 복병이 공격해오거나, 간첩이 숨어 아군을 은밀히 정탐할
수 있다. 의심스러운 장소는 몇 번이라도 신중하게 수색해서 위험을
사전에 탐지해야 한다. 어떤 일을 할 때도 애매한 부분은 두 번, 세 번
확인해보아야 한다.

상식을 벗어나는 적의 행동을 보고 의도를 파악한다

敵近而靜者 恃其險也 遠而挑戰者 欲人之進也
적근이정자 시기험야 원이도전자 욕인지진야

其所居易者 利也
기 소 거 이 자 이 야

적이 가까이 있으면서도 고요한 것은 그 지형의 험준함을 믿는 것이다.
먼 거리에 있으면서도 싸움을 거는 것은 아군의 공격을 유도하기 위함이다.
적이 머무는 장소가 (아군이 공격하기) 쉬운 곳이라면 그곳에 이로움이 있기
때문이다.

전쟁에서 상대와 가까이 있다면 공격하거나 도발하는 것이 정상이
다. 그런데 적군이 아무런 움직임이 없다면, 수비하기에 유리한 장소
를 잡고 아군의 공격을 기다리는 것이다. 멀리 있으면서도 도발한다
면, 복병과 같은 여러 계책을 준비해두고 아군을 꾀어내려는 수작이
다. 적이 아군에게 공격당하기 쉬운 곳에 자리 잡고 있다면, 마찬가
지로 아군의 공격을 유발해 이익을 얻으려는 것이다. 혹은 아군에게
이익이 있는 것처럼 속여 꾀어내는 것이다. 뛰어난 장수라면 상식을
벗어나는 적의 행동을 보고 그 의도를 파악할 수 있어야 한다.

동식물의 움직임을 보고
적의 동태를 파악한다

衆樹動者 來也 衆草多障者 疑也
중 수 동 자 내 야 중 초 다 장 자 의 야

鳥起者 伏也 獸駭者 覆也
조 기 자 복 야 수 해 자 복 야

많은 나무가 움직이면 적이 오고 있다는 것이다.

우거진 풀숲에 장애물이 많다면 (아군을 현혹하려는) 가짜 장애물이다.

새가 날아오르면 적이 매복한 것이다.

짐승이 놀라면 적이 기습을 위해 은밀히 다가오는 것이다.

주변의 동식물의 움직임을 보면 적의 동태를 파악할 수 있다. 나무가 흔들릴 정도라면 많은 적이 움직이는 것이다. 아군이 풀숲에 들어갔을 때 풀을 엮어 행군을 방해하는 장애물이 많으면 아군이 의심하고 조심하도록 하려는 적의 의도를 읽을 수 있다. 갑자기 새가 날아오르거나 짐승이 놀라는 소리가 들리면 적이 은밀하게 움직이고 있다는 것을 알아차려야 한다. 현대전에는 실질적인 도움이 되지 않을 수도 있는 조언이지만, 적 주변의 정황을 잘 살펴봐야 한다는 메시지만은 새겨야 한다.

흙먼지를 보고 적의 움직임을 예측한다

塵高而銳者 車來也 卑而廣者 徒來也
진 고 이 예 자 거 래 야 비 이 광 자 도 래 야

散而條達者 樵採也 少而往來者 營軍也
산 이 조 달 자 초 채 야 소 이 왕 래 자 영 군 야

흙먼지가 높고 빠르게 일어나면 적의 전차가 공격해오는 것이고,
낮고 넓게 일어나면 적의 보병이 쳐들어오는 것이다.
흙먼지가 흩어져 가늘게 뻗어 오르면 적이 땔감을 구하는 것이고,
먼지가 적게 나면 적이 왔다 갔다 하면서 군영을 설치하는 것이다.

손자의 날카로운 관찰력과 다양한 실전 경험을 알 수 있는 대목이다. 뛰어난 장수는 흙먼지가 피어오르는 모양만 보고도 적의 움직임을 예측할 수 있다. 흙먼지와 같은 사소한 단서만으로도 적의 상황을 파악할 줄 아는 장수라면, 상황에 맞는 전술도 잘 수립할 수 있을 것이다. 승리는 거저 얻어지는 것이 아니다. 전쟁터의 모든 상황에 대해 관찰하고 분석하는 것이 장수의 필수 자질이다.

적의 말을 믿지 말고 행동을 보아야 한다

辭卑而益備者 進也 辭强而進驅者 退也
사 비 이 익 비 자 진 야 사 강 이 진 구 자 퇴 야

적이 자신을 낮추어 말하면서 군비를 더하는 것은 공격하려는 것이고,
강경하게 말하면서 말을 몰아 곧 진격할 것처럼 하는 것은 퇴각하려는 것
이다.

적의 말과 태도만 보아서는 속셈을 정확히 알 수 없다. 전쟁의 기
본은 속이는 것이기 때문이다. 말로는 자신을 낮추더라도 실제 공격
준비를 한다면 그 말은 무시하고, 적의 공격에 대비해야 한다. 어리
석은 자는 적의 말을 믿지만 현명한 자는 적의 행동을 본다. 실제로
어떤 행동을 하는지 유심히 관찰하고 적의 의도를 파악해야 한다. 사
람 사이의 관계에서도 말보다는 행동이 더 정직하다. 행동을 봐야 진
짜 의도를 알 수 있다.

적의 움직임을 보고
공격 여부를 판단한다

輕車先出 居其側者 陳也
경거선출 거기측자 진야

無約而請和者 謀也 奔走而陳兵車者 期也
무약이청화자 모야 분주이진병거자 기야

半進半退者 誘也
반진반퇴자 유야

가벼운 전차가 먼저 나와 적 부대의 측면에 머무르는 것은
(공격을 위해) 진을 치려고 하는 것이다.
사전에 약속도 없이 (갑자기) 화친을 청하는 것은 음모를 꾸미는 것이다.
적이 분주하게 뛰어다니며 전차를 정렬하는 것은 공격을 기다리는 것이다.
반쯤 공격해왔다가 반쯤 퇴각하는 것은 아군을 유인하려는 것이다.

적의 움직임을 보면 그 속셈을 알아차릴 수 있다. 전차가 움직이고 정렬하는 것은 공격 신호다. 뜬금없이 화친을 청한다면 그 행동을 통해 적이 어떤 이익을 얻을 수 있을지를 생각해보라. 강화를 요구하는 것이 진심이 아닌 것을 알 수 있다. 시간을 벌어 지원군을 기다리거나 계략을 꾸미는 것이다. 반쯤 공격해 들어왔다가 퇴각하는 것은 적진 가까이 아군을 유인해 공격하려는 의도다.

적의 전투력이 약해지고 있다는 징조

倚杖而立者 飢也 汲而先飲者 渴也 見利而不進者 勞也
의 장 이 립 자 기 야 급 이 선 음 자 갈 야 견 리 이 부 진 자 노 야

(적의 군사들이 병기를 지팡이 삼아) 기대고 서 있다면 굶주리는 것이다.
물을 긷자마자 급하게 마시려는 것은 목이 마른 것이다.
이익이 되는 것을 보고도 진격하지 않는 것은 피로하기 때문이다.

창이나 칼을 마치 지팡이처럼 사용해 기대고 서 있는 것은 이미 군
대의 기강이 무너지고 정신력이 해이해진 것이다. 너도나도 배가 고
프니 군인다운 품위를 지킬 여유가 없다. 물을 허겁지겁 마신다면 적
진에 물이 떨어진 것이다. 이익이 될 만한 것으로 유인해도 적이 전혀
움직이지 못한다면 피로가 누적된 것이다. 적을 관찰하고, 유인해보
아 적의 전투력이 약한 것을 확인했다면 공격 계획을 세울 수 있다.

적의 군기가 문란해지는 징조

鳥集者 虛也 夜呼者 恐也 軍擾者 將不重也
조 집 자 허 야 야 호 자 공 야 군 요 자 장 부 중 야
旌旗動者 亂也 吏怒者 倦也
정 기 동 자 난 야 이 노 자 권 야

새가 모이는 것은 (적이 없이) 비어 있다는 것이다.
한밤중에 큰 소리를 지르는 것은 두려워하는 것이다.
군대가 어지럽고 시끄러운 것은 장수의 권위가 무겁지 않은 것이다.
군기가 함부로 흔들리는 것은 적군이 혼란스러운 것이다.
부대의 간부들이 성내는 것은 피곤하고 고달프기 때문이다.

새는 사람의 움직임에 민감하게 반응한다. 적진에 새들이 모여들면, 적은 이미 퇴각했거나 탈영자가 많은 것이다. 한밤중에 적진에서 소란이 일어나면 작은 일로도 적이 두려워하고 있다는 것을 알아챌 수 있다. 장수의 권위가 땅에 떨어지면 군대가 통제되지 않아 어지럽고 시끄럽다. 적군의 깃발이 흔들리고, 중간계급의 간부들이 소리 지르고 화내는 것은 혼란스러움과 피로의 증거다.

적의 군량이 떨어졌다는 징조

粟馬肉食 無糧也 軍無懸缶 不返其舍者 窮寇也
속 마 육 식 무 량 야 군 무 현 부 불 반 기 사 자 궁 구 야

말을 군량 삼아 잡아먹는 것은 식량이 없다는 것이다.
군영에 물동이를 걸어두지 않고 막사에 돌아가지 않는 것은
적이 곤경에 빠졌다는 것이다.

고대 전투에서 말은 상당히 중요한 역할을 했다. 말이 있어야 기병
(騎兵)을 활용해 다양한 전술을 구사할 수 있었다. 전차를 끄는 것도
말이었다. 전투에서 기동력은 말에서 나왔다. 말을 잡아먹을 정도가
되었다면 적진에는 이미 식량이 바닥난 것이다. 적군이 국 끓일 물을
데우지 않고, 때가 되어도 막사에 돌아가 쉬지 않는다면 군사들의 굶
주림이 심해 장수의 통제력이 떨어진 것이다.

신뢰를 잃은 장수는 실패한다

諄諄翕翕 徐與人言者 失衆也
순 순 흡 흡 서 여 인 언 자 실 중 야

數賞者 窘也 數罰者 困也
삭 상 자 군 야 삭 벌 자 곤 야

先暴而後畏其衆者 不精之至也
선 폭 이 후 외 기 중 자 부 정 지 지 야

(적의 장수가 군사들에게) 간곡하게 타이르는 말투로 천천히 군사들과 말하면서 의견을 하나로 모으지 못하는 것은 군사들의 신뢰를 잃은 것이다. 자주 상을 주는 것은 궁색해진 것이고, 자주 벌하는 것은 장수가 곤경에 빠진 것이다. 장수가 처음에는 군사들에게 사납게 굴다가 나중에 두려워하는 것은 용병의 실패가 극에 다다른 것이다.

장수가 어리석고, 군사들의 신뢰를 잃어버리면 지휘 체계가 무너진다. 장수가 군사들에게 먹히는 것이다. 삶과 죽음이 갈리는 전장에서 장수의 말에는 위엄과 권위가 있어야 한다. 군사들이 투덜댄다고 비위를 맞추느라 상을 남발하면서 달래거나, 말을 듣지 않는다고 자주 벌을 준다면, 그 군대는 적과 싸우기도 전에 패배한 것이다. 처음에 군사들을 사납게 대하다 신뢰를 잃어 나중에 군사들의 눈치를 보는 장수는 용병을 전혀 모르는 자다.

정규전을 치르지 않는다면
비정규전에 대비해야 한다

來委謝者 欲休息也
내 위 사 자   욕 휴 식 야

兵怒而相迎 久而不合 又不相去 必謹察之
병 노 이 상 영   구 이 불 합   우 불 상 거   필 근 찰 지

적의 사자가 찾아와 사죄하는 것은 휴식을 원하기 때문이다.

(양측 군대가) 서로 성내며 마주하고도 오랫동안 싸우지 않고

또한, 서로 물러나지도 않는다면 반드시 신중히 살펴야만 한다.

당장 상대를 다 쓸어버릴 듯이 달려온 군대가 대치하기만 하고, 움직임이 없다면 신중하게 살펴야 한다. 막상 정규전으로 맞붙으려고 보니 승부를 장담할 수 없거나 아군의 피해가 클 것 같아 주저하는 것이다. 이럴 때는 양측 모두 기병(奇兵, 비정규전)을 활용해 전세를 뒤집으려고 한다. 적의 기습과 매복 등 기이한 용병술에 대비해야 한다.

군사의 숫자가 중요한 것이 아니다

兵 非益多也 惟無武進 足以併力料敵 取人而已
병 비익다야 유무무진 족이병력료적 취인이이

夫惟無慮而易敵者 必擒於人
부유무려이이적자 필금어인

전쟁에 있어 군사의 수가 많은 것이 꼭 이로운 것은 아니다.

오직 힘으로만 앞으로 나아가지 말고

아군의 힘을 하나로 아우르고 적을 헤아려 적을 취하면 그만이다.

무릇 생각 없이 적을 쉽게 여기는 자는 반드시 적에게 사로잡힌다.

군사의 숫자보다 중요한 것은 군대를 지휘하는 장수의 역량이다. 모든 조건이 동일하다면, 당연히 군사의 수가 많은 것이 유리하겠지만 전쟁을 승리로 이끄는 요인은 여러 가지다. 그리고 그 대부분은 장수에게 달려 있다. 전체적인 힘이 강하더라도 아군의 전투력을 집중해서 적시에 적절한 곳을 공격할 수 있는 것은 장수의 역량에 달려 있다. 방심하는 장수는 승리할 수 없다. 적을 쉽게 여기지 않고 이길 계책을 끊임없이 생각하는 장수가 승리할 수 있다.

벌은 적절하게 활용해야 한다

卒未親附而罰之 則不服 不服則難用也
졸 미 친 부 이 벌 지　즉 불 복　불 복 즉 난 용 야

卒已親附而罰不行 則不可用也
졸 이 친 부 이 벌 불 행　즉 불 가 용 야

군사들이 아직 친근하게 따르지 않는데 벌을 주면 복종하지 않는다.

복종하지 않으면 통솔하기 어렵다.

군사들이 친근하게 따르는데 벌을 주지 않으면 다룰 수 없다.

손자는 장수와 군사 간의 신뢰관계를 강조한다. 신뢰 관계가 형성
되지 않았는데 원리원칙대로만 규정을 적용하고 벌을 내리면, 군사
들의 마음이 멀어진다. 장수와 군사가 친밀한 관계가 되었을 때는 자
칫 친소관계에 치우쳐 공정함을 잃을 수 있다. 이럴 때는 오히려 더
욱 엄격하게 규정을 집행하고 잘못한 일에 대해서는 확실하게 벌을
주어야 한다. 벌을 적절하게 활용해야 군대를 잘 다룰 수 있다.

부드러움으로 명령하고
단호함으로 통솔한다

故 令之以文 齊之以武 是謂必取
고 영지이문 제지이무 시위필취

그러므로 문(文, 덕망과 온화한 인덕)으로써 명령하고,

무(武, 씩씩함과 단호함)로써 통솔하면

이를 일러 반드시 승리를 얻는 군대라고 한다.

명령할 때는 부드럽게 해야 한다. 맥락과 배경을 설명해준다면 부하들의 이해가 높아질 것이고, 명령의 이행도 원활하게 된다. 같은 말이라도 강압적으로 하면 상대의 기분이 상한다. 상명하복이 기본인 군대라고 하더라도 마찬가지다. 하지만 통솔할 때는 단호해야 한다. 장수가 명령을 내려놓고 확신을 갖지 못해 우물쭈물하면 군사들이 갈팡질팡한다. 부드러움으로 명령하고 단호함으로 통솔해야 승리를 얻을 수 있다.

장수와 군사가 평소에 뜻이 잘 맞아야 한다

令素行 以教其民 則民服 令不素行 以教其民 則民不服
영 소 행 이 교 기 민 즉 민 복 영 불 소 행 이 교 기 민 즉 민 불 복
令素行者 與衆相得也
영 소 행 자 여 중 상 득 야

그 군사들을 잘 가르쳐 명령이 평소에도 잘 시행되면

군사들은 (전시에도) 복종한다.

평소에 명령이 잘 시행되도록 가르치지 못한다면

군사들은 (전시에) 복종하지 않는다.

(장수의) 명령이 평소 잘 시행되는 것은 장수와 군사들이 서로 뜻이 맞기 때

문이다.

급하게 준비해도 무리 없이 잘 진행할 수 있는 일이 있고, 그렇지 않은 일이 있다. 전쟁을 앞두고 군수물자를 준비하거나 행군하는 길을 트는 것과 같이, 드러나는 일은 빠르게 진행할 수 있다. 하지만 장수가 자기 뜻을 군사들에게 전달하여 수족처럼 부리는 것처럼 눈에 보이지 않는 일은 평소에 준비하지 않으면 안 된다. 뛰어난 장수는 평소에 군사들을 가르쳐, 뜻대로 움직이도록 잘 훈련한다. 전쟁을 앞두고 군대를 훈련하려고 하면 뜻대로 되지 않는다.

辭卑而益備者 進也
사 비 이 익 비 자 진 야

辭强而進驅者 退也
사 강 이 진 구 자 퇴 야

적이 자신을 낮추어 말하면서 군비를 더하는 것은

공격하려는 것이고,

강경하게 말하면서 말을 몰아

곧 진격할 것처럼 하는 것은 퇴각하려는 것이다.

안팎에 모자람이 없으려면

지형편 地形篇

전반부에서는
통형(通形), 괘형(挂形), 지형(支形), 애형(隘形), 험형(險形), 원형(遠形)
여섯 가지 지형에서의 전략을 논하며,
후반부로 갈수록
장수의 역량과 적과 아군에 대해 정확히 파악하는 것이
지형보다 중요하다고 강조한다.

장수는 여섯 가지 지형에 대해 알아야 한다

孫子曰 地形 有通者 有挂者 有支者 有隘者 有險者
손자왈 지형 유통자 유괘자 유지자 유애자 유험자

有遠者
유원자

손자가 말하였다.

지형에는 통형, 괘형, 지형, 애형, 험형, 원형이 있다.

　　고대의 전투에서는 지형에 따라 적절한 전술을 세우는 것이 가장
중요했다. 군사가 많더라도 불리한 지형에 갇히면 제대로 힘을 써보
지도 못하고 전멸할 수도 있기 때문이다. 아군의 전투력을 극대화하
려면 지형의 이점을 얻어야 한다. 지형의 유리함을 활용하지 못하면
기껏 힘들게 준비해서 치르는 전투에서 허무하게 질 수 있다. 손자는
실제 전투 전에 알아야 할 여섯 가지 지형을 설명하는 것으로 〈지형
편〉을 시작하고 있다.

'통형(通形)'에서는 유리한 지형을 선점하라

我可以往 彼可以來 曰通
아 가 이 왕　피 가 이 래　왈 통

通形者 先居高陽 利糧道以戰 則利
통 형 자　선 거 고 양　이 량 도 이 전　즉 리

아군이 갈 수 있고 상대도 올 수 있는 지형을 '통형(通形)'이라 한다.

'통형(通形)'은 먼저 높고 양지바른 (유리한) 지형을 차지하면

군량 수송에 유리하여 전투에 이롭다.

'통형(通形)'은 자유롭게 왕래할 수 있는 평탄한 지형이다. 군대가
쉽게 이동할 수 있을 뿐만 아니라 군수물자도 쉽게 운반 가능하다.
마치 통로와 같은 지형이라 생각하면 이해가 쉽다. 이런 지형에서는
유리한 곳(높은 곳)을 선점하여 거점으로 삼으면, 아군의 병력 이동이
나 군량 수송이 원활해져 장기적으로 전쟁에 유리하다. 다만, 적도
쉽게 공격해올 수 있으니, 많은 병력을 투입하여 방어에 만전을 기해
야 한다.

'괘형(挂形)'에서는
적이 준비되지 않았을 때만 공격한다

可以往 難以返 日挂
가 이 왕 난 이 반 왈 패

挂形者 敵無備 出而勝之
괘 형 자 적 무 비 출 이 승 지

敵若有備 出而不勝 難以返 不利
적 약 유 비 출 이 불 승 난 이 반 불 리

나아갈 수는 있으나 물러나기는 어려운 곳을 '괘형(挂形)'이라 한다.
'괘형(挂形)'에서는 적이 방비하고 있지 않을 때 나아가면 승리할 수 있다.
만일 적이 방비하고 있으면 나아가도 승리하지 못하고 돌아오기 어려워 불리하다.

'괘형(挂形)'은 직역하면 '걸리는 지형'이라는 말로, 한번 나아가면 마치 그물에 걸린 듯 돌아오기 힘든 지형이다. 움푹 꺼진 지형에 한번 내려가면 다시 올라오기 힘들다. 일방통행 도로처럼 뒤로 돌아오기 힘든 지형이므로 적의 전력과 아군의 전력을 가늠해, 100% 확신이 들었을 때 공격해야 안전하다. 적의 수비가 견고하면 앞으로 나아가지도 못하고 뒤로 돌아오지도 못해 진퇴양난(進退兩難, 나아갈 수도 물러설 수도 없어 궁지에 빠짐)이니 주의해야 한다.

'지형(支形)'에서는 적을 유인하여 공격한다

我出而不利 彼出而不利 曰支
아 출 이 불 리 피 출 이 불 리 왈 지

支形者 敵雖利我 我無出也
지 형 자 적 수 리 아 아 무 출 야

引而去之 令敵半出而擊之 利
인 이 거 지 영 적 반 출 이 격 지 이

아군이 나아가기에도 불리하고, 적군이 진격하기에도 불리한 곳을 '지형(支形)'이라 한다.

'지형(支形)'에서는 비록 적이 이익으로 아군을 꾀어도 진격해서는 안 된다. 적을 유인해 (아군이) 떠나는 척하면서, 적군의 절반쯤을 출병하게 한 뒤에 습격하면 유리하다.

　

'지형(支形)'은 서로 먼저 공격하기 힘든 지형으로, 아군과 적군이 서로 대치하며 오랜 시간 버티고 있는 땅이다. 기동이 불편한 습지대, 안개가 자주 끼거나 모래바람이 불어 시야를 확보하기 어려운 곳, 장애물이 많은 곳 등을 생각해볼 수 있다. 이런 지형에서는 먼저 공격하면 불리하다. 그러니 적의 꾐에 넘어가 섣불리 진군하지 않도록 주의해야 한다. 적을 유인해 가장 많은 적군이 '지형(支形)'에 발을 들여놓았을 때 기습하는 것이 유리하다.

'애형(隘形)'에서는 병력을 채우고 적의 공격에 대비한다

隘形者 我先居之 必盈之以待敵
애 형 자 아 선 거 지 필 영 지 이 대 적
若敵先居之 盈而勿從 不盈而從之
약 적 선 거 지 영 이 물 종 불 영 이 종 지

'애형(隘形)'에서는 아군이 먼저 점령하면,

반드시 병력을 채우고 적에 대비한다.

만약 적이 먼저 점령하여 병력을 채웠다면 지나가지 말아야 하고,

적이 병력을 채우지 않았다면 지나가면 된다.

'애형(隘形)'은 안은 넓지만 입구는 좁은 지형이다. 입구가 좁아 병력을 집중하면 적은 숫자로도 다수의 적을 수비하기 좋다. 하지만 반대로 공격은 어렵다. 공격할 때 적이 방어를 제대로 하고 있으면, 아무리 많은 수의 군사가 있더라도 대부분 싸우지 못하고 뒤에서 구경하는 수밖에 없다. 적이 먼저 차지했다면, 공략하려고 하지 말고 재빨리 빠져나와야 한다.

'험형(險形)'은 먼저 차지하지 못하면 버린다

險形者 我先去之 必居高陽而待敵
험 형 자 아 선 거 지 필 거 고 양 이 대 적
若敵先居之 引而居之 勿從也
약 적 선 거 지 인 이 거 지 물 종 야

'험형(險形)'에서는 아군이 먼저 그곳에 가야 하는 것이니,

반드시 높고 양지바른 곳을 점령해 적을 기다려야 한다.

만약 적이 먼저 점령하고 있다면 병력을 이끌고 그곳을 벗어나야지, 차지하

려 하지 말아야 한다.

'험형(險形)'은 지형이 험하여 군사 행동이 쉽지 않은 산악이나 협곡

같은 곳을 말한다. 한마디로 천연의 요새다. 이런 지형은 적이 먼저

차지하고 있다면 빼앗으려 시도하는 것은 어리석다. 선점하지 못할

바에야 버리는 것이 낫다. 손자는 아군의 피해가 큰 공성전을 피하라

고 했듯이, 천연의 요새인 험난한 지형을 차지한 적은 피하라고 조언

한다.

'원형(遠形)'에서는
함부로 싸움을 걸지 않는다

遠形者 勢均難以挑戰 戰而不利
원형자 세균난이도전 전이불리

'원형(遠形)'에서는 세력이 비슷하면 싸움을 걸기 어렵고,
싸운다 해도 이롭지 않다.

'원형(遠形)'은 적과 아군이 멀리 떨어져 있는 것이다. 엄밀하게 말하면 특정한 지형이라기보다는 상대방이 먼 거리에 있는 상태를 말하는 것이다. 서로 간에 멀리 떨어져 있다면 전투를 위해 많이 이동하는 쪽이 불리하다. 군사들이 지쳐 제 역량을 발휘하기 힘들기 때문이다. 특히 군사력이 비슷한 경우에 먼 거리를 이동해 체력이 떨어지는 쪽이 절대적으로 불리하다. 이런 경우에는 전투력을 보존하면서 적이 빈틈을 보이도록 유도하거나 기다려야 한다.

지형을 활용하는 것은 장수의 지극한 임무다

凡此六者 地之道也 將之至任 不可不察也
범 차 육 자 지 지 도 야 장 지 지 임 불 가 불 찰 야

무릇 이 여섯 가지는 지형의 이점을 활용하는 용병의 원칙이며, 장수의 지극한 임무이니, 살피지 않을 수 없다.

손자는 〈지형편〉뿐만 아니라 〈구변편〉 〈구지편〉 등에서 지형의 중요성을 강조한다. 장수는 이론보다 실전에 밝아야 하고, 기초 문제보다는 응용 문제를 잘 풀어내야 한다. 전쟁은 실전이고 응용이다. 뛰어난 장수는 지형을 중심으로 눈앞에 펼쳐진 다양한 상황을 분석하고 종합하여, 이길 수 있는 최적의 방법을 찾아내야 한다. 손자는 지형을 잘 활용하는 것이 장수의 가장 중요한 임무라고까지 강조한다.

패배하는 여섯 가지 유형의 군대

故 兵 有走者 有弛者 有陷者 有崩者 有亂者 有北者
고 병 유주자 유이자 유함자 유붕자 유란자 유배자

凡此六者 非天之災 將之過也
범차육자 비천지재 장지과야

그러므로 군대에는 (패배하는 여섯 가지 유형인) 주병, 이병, 함병, 붕병, 난병, 배병이라는 것이 있다. 무릇 이 여섯 가지는 하늘과 땅의 재앙이 아니라 장수의 허물이다.

손자는 앞에서 지형에 대해 말하면서, 지형을 파악하고 그 상황에 적절하게 대처하는 것이 장수의 가장 주된 임무라고 마무리하였다. 하지만 장수의 임무는 이에 그치지 않는다. 장수는 군대의 지휘 체계와 기강을 바로잡아야 한다. 그리고 부하들을 잘 단련해 수족과 같이 부릴 수 있어야 한다. 또한, 적과 아군의 역량을 제대로 파악하여 전략을 수립하는 역량을 갖추는 것이 필수적이다. 전쟁의 승패는 장수의 역량에 달려 있다는 것이 손자의 일관된 생각이다.

장수가 무모하고
군사들을 훈련하지 않으면 패배한다

夫勢均 以一擊十 日走 卒强吏弱 日弛 吏强卒弱 日陷
부 세 균 이 일 격 십 왈 주 졸 강 리 약 왈 이 이 강 졸 약 왈 함

세력이 비슷한데 하나로 열을 공격하는 것을 '주병(走兵, 달아나는 군대)'이라고
한다.
군사들은 강하고 부대장들이 약한 군대를 '이병(吏兵, 느슨한 군대)'이라고 한다.
부대장들은 강한데 군사들은 약한 군대를 '함병(陷兵, 결함 있는 군대)'이라고
한다.

아군의 힘을 모아 적의 약한 부분을 치는 것이 용병술의 기본이다.
하지만 무모한 장수는 하나로 열을 치는 우를 범한다. 약한 아군으로
강한 적을 치면 백전백패다. 전투에서 패해 달아나는 수밖에 없다.
전투 경험이 적은 부대장들이 백전노장들로 이루어진 군사들을 거느
리면 명령을 가볍게 여겨 기강이 느슨해진다. 반대로 노련한 부대장
들이 햇병아리 군사들을 지휘하면 뜻대로 군대를 움직일 수 없다.

부하 장수들의 마음을 얻어야 한다

大吏怒而不服 遇敵懟而自戰 將不知其能 曰崩
대 리 노 이 불 복 우 적 대 이 자 전 장 부 지 기 능 왈 붕

부대장이 분노하여 장수에게 복종하지 않고,

적과 마주치면 울분을 누르지 못하여 스스로 출전하며,

장수가 부대장의 능력을 알지 못하는 군대를 '붕병(崩兵, 무너지는 군대)'이라고
한다.

군대를 책임지고 지휘하는 주장(主將)은 부하 장수들의 마음을 얻어야 한다. 만약 주장이 산하 장수의 능력을 제대로 알지 못해 상벌을 공정하게 주지 않는다면, 부하 장수의 원한을 사게 될 것이다. 자기 능력을 인정받지 못했다고 느끼는 장수는 주장의 명령을 듣지 않고, 울분을 참지 못하여 섣불리 적과 싸워 패배할 수 있다. 이렇게 주장이 부하 장수의 마음을 얻지 못하는 군대는 무너질 수밖에 없다. 부하들의 능력을 잘 헤아려 상과 벌을 적절히 활용하는 것이 주장의 역량이다.

장수의 명령은 엄하고 분명해야 한다

將弱不嚴 敎道不明 吏卒無常 陳兵縱橫 曰亂
장 약 불 엄 교 도 불 명 이 졸 무 상 진 병 종 횡 왈 란

장수가 나약하여 엄하지 못하고, 가르침이 분명하지 않으며,
부대장들과 군사들이 일정한 규율 없이 이리저리 어지러운 군대를 '난병(亂
兵, 어지러운 군대)'이라고 한다.

장수가 명령을 내릴 때 말끝을 흐리거나 바로 말을 바꾸거나 하면
군사들은 그 명령을 정말로 수행해야 할지 다시 확인하려 든다. 장수
가 판단력이 부족해 이랬다저랬다 하면 군대가 혼란스러워진다. 분
명하지 않은 지시가 반복되면 장수의 말이 실행되기 힘들다. 진형을
갖출 때 약속된 규율이나 원칙 없이 제멋대로 서고 우왕좌왕하는 군
대는 기동력이 떨어지고 전투력이 약할 수밖에 없다. 우유부단한 장
수는 군대의 재앙이다. 군대뿐만 아니라 어느 조직이든 윗사람의 명
령은 엄하고 분명해야 한다.

적을 파악하지 못하면 패배한다

將不能料敵 以少合衆 以弱擊强 兵無選鋒 曰北
장 불 능 료 적   이 소 합 중   이 약 격 강   병 무 선 봉   왈 배

장수가 적의 정세를 헤아리지 못해 적은 병력으로 많은 적군과 싸우고,
약한 병력으로 강한 적을 공격하며,
군대에 선발된 선봉대가 없는 군대를 '배병(北兵, 패배하는 군대)'이라고 한다.

적의 전투력이 어느 정도인지 확인하지도 않고 적은 병력으로 많
은 적군과 싸우거나, 약한 아군으로 강한 적을 치면 전멸당하거나 사
로잡힌다. 적의 상황에 맞게 대응하려면 아군을 다양한 전술적인 목
적에 맞게 나누어 준비해야 한다. 개인저인 진투력이 뛰어난 이들로
구성한 선봉대, 매복을 담당할 부대, 기마병, 궁수, 전차 부대 등을 적
절히 준비해 다양하게 활용해야 한다. 적의 예봉을 꺾을 선봉대조차
준비하지 않은 군대는 기본이 되어 있지 않은 것이니 패배할 수밖에
없다.

패배의 길을 따르지 말라

凡此六者 敗之道也 將之至任 不可不察也
범 차 육 자 패 지 도 야 장 지 지 임 불 가 불 찰 야

무릇 이 여섯 가지는 패배의 길이며
장수의 지극한 임무이니, 살피지 않을 수 없다.

장수는 자신의 군대를 패배하는 군대, 앞서 이야기한 주병, 이병, 함병, 붕병, 난병, 배병으로 만드는 것을 피해야 한다. 손자가 계속 강조하듯 전쟁에서의 승패는 군대의 규모나 보급 등 외적으로 보이는 것이 아니라 보이지 않는 장수의 능력에 달려 있다. 장수는 지형 파악 및 활용, 적에 대한 정보 수집, 조직 내부의 지휘 체계 및 기강 확립, 공정한 상벌 적용, 용도에 맞는 부대 편성 등 용병과 관련된 모든 분야에 세심하게 주의를 기울여 물 샐 틈 없이 대비해야 한다. 게으르고 교만하거나 방심하는 장수는 반드시 패한다.

적의 정세와 지형을 헤아릴 수 있어야 승리한다

夫地形者 兵之助也
부 지 형 자 병 지 조 야

料敵制勝 計險厄遠近 上將之道也
요 적 제 승 계 험 액 원 근 상 장 지 도 야

知此而用戰者 必勝 不知此而用戰者 必敗
지 차 이 용 전 자 필 승 부 지 차 이 용 전 자 필 패

무릇 지형은 용병을 돕는 것이니, 적의 정세를 헤아려 승리를 이끌고,

지형의 험하고 막힌 것과 멀고 가까움을 헤아려 계책을 세우는 것은

상장(上將, 主將, 머리가 되는 장수)의 도리이다.

이것을 알고서 용병에 적용하는 장수는 반드시 승리할 것이요,

이것을 알지 못하고 전쟁에 임하는 장수는 반드시 패배할 것이다.

부대장들은 부대 운용이나 훈련 등 군사들의 군기 유지와 소규모 부대 관리에 많은 시간을 쓸 수밖에 없다. 하지만 우두머리가 되는 장수는 승리할 수 있는 전략을 고민해야 한다. 이때 손자가 가장 강조한 것은 적의 상황과 지형을 파악하는 것이다. 적과 지형을 모르고 싸우면 패배할 수밖에 없고, 승리한다 하더라도 요행에 불과한 것이다.

사심 없는 장수가 나라의 보배다

故 戰道必勝 主曰無戰 必戰 可也
고 전도필승 주왈무전 필전 가야

戰道不勝 主曰必戰 無戰 可也
전도불승 주왈필전 무전 가야

故 進不求名 退不避罪
고 진불구명 퇴불피죄

惟民 是保 而利合於主 國之寶也
유민 시보 이리합어주 국지보야

그러므로 전쟁의 이치로 보아 반드시 승리할 수 있다면,

군주가 싸우지 말라고 해도 반드시 싸우는 것이 옳다.

전쟁의 이치상 승리할 수 없다면,

군주가 반드시 싸우라고 해도 싸우지 않는 것이 옳다.

그러므로 장수가 진격함에 명예를 구하지 않고, 후퇴함에 죄를 피하지 않으

며, 오직 백성을 보호하고 이익이 군주에게 부합되는 것만을 생각한다면 나

라의 보배다.

장수가 자기 자리를 보전하는 것에만 신경 쓰면 나라가 기운다. 자

기 자리만 생각해서 꼭두각시처럼 움직이는 장수는 개인적인 벌은

피할 수 있겠지만 역적이나 다름없다. 진격과 후퇴에 나라의 이익만

을 생각하고 사심이 없는 장수는 나라의 기둥과 같다.

군사들을 아끼되, 적절한 거리를 둔다

視卒 如嬰兒 故 可與之赴深溪 視卒 如愛子 故 可與之俱死
시 졸 여 영 아 고 가 여 지 부 심 계 시 졸 여 애 자 고 가 여 지 구 사
厚而不能使 愛而不能令 亂而不能治
후 이 불 능 사 애 이 불 능 령 난 이 불 능 치
譬如驕子 不可用也
비 여 교 자 불 가 용 야

군사들 보기를 어린아이처럼 하면, 깊은 계곡도 함께 나아갈 수 있다.

사랑하는 자식처럼 하면, 그들과 죽음까지 함께 할 수 있다.

너무 후하게 대하면 부릴 수 없고,

지나치게 사랑하면 명령을 내릴 수 없으며, 어지러워지면 다스릴 수 없다.

비유하건대 교만한 자식과 같아, 아무 소용이 없다.

군사들을 자식처럼 아끼면 죽음도 함께 할 수 있다. 하지만 애정이 지나쳐 통제할 수 없는 상황이 되지 않도록 주의해야 한다. 군사들이 장수의 후덕함과 애정에 기대, 실행하기 어려운 명령에는 이의를 제기할 수 있다. 자식도 때로는 엄하게 대해 예의를 가르쳐야 하듯, 군사들에게도 애정과 위엄을 모두 보여주어야 한다. 어떤 조직에서든 윗사람은 아랫사람을 아끼되, 적절한 거리를 두어 통제력을 잃지 않는 것이 현명하다.

아군과 적군의 상황을 종합적으로 분석한다

知吾卒之可以擊 而不知敵之不可擊 勝之半也
지 오 졸 지 가 이 격　이 부 지 적 지 불 가 격　승 지 반 야

知敵之可擊 而不知吾卒之不可以擊 勝之半也
지 적 지 가 격　이 부 지 오 졸 지 불 가 이 격　승 지 반 야

知敵之可擊 知吾卒之可以擊
지 적 지 가 격　지 오 졸 지 가 이 격

而不知地形之不可以戰 勝之半也
이 부 지 지 형 지 불 가 이 전　승 지 반 야

아군이 적을 공격할 수 있다는 것은 알지만, 적을 공격해서는 안 된다는 것을 알지 못하면 절반의 승리만 거둘 수 있다.

적을 공격해도 된다는 것은 알지만, 아군이 적을 공격할 수 없다는 것을 알지 못해도 승산은 절반에 지나지 않는다.

적을 공격해도 된다는 것과 아군이 적을 공격할 수 있다는 것을 알더라도, 전투할 수 없는 지형이라는 것을 알지 못하면 절반의 승리만 있을 뿐이다.

아무리 잘 준비했더라도 상황이 충분히 갖춰졌는지를 알아야 승리할 수 있다. 지형뿐만 아니라 아군의 사기, 건강상태, 지휘 체계, 훈련도, 군주와 장수의 관계, 보급 유무, 주변국의 동향 등이 포함된다. 아군이 강하고 적은 약할 때 공격해야 확실하게 승리를 거둘 수 있다.

적을 알고 나를 알고,
하늘과 땅을 잘 알아야 승리한다

故 知兵者 動而不迷 舉而不窮
고 지병자 동이불미 거이불궁

故 曰 知彼知己 勝乃不殆
고 왈 지피지기 승내불태

知天知地 勝乃可全
지천지지 승내가전

그러므로 용병을 아는 자는 움직일 때 미혹되지 않고, 군대를 일으켜도 궁
지에 몰리지 않는다.
그러므로 적을 알고 나를 알면 승리는 곧 위태롭지 않으며,
하늘을 알고 땅을 알면 승리는 곧 완전할 수 있다.

손자는 적과 나를 알고, 하늘과 땅을 잘 알아야 한다는 말을 강조
하면서 〈지형편〉을 마무리 짓는다. 적과 나에 대해 '안다'는 것은 그
전장의 모든 상황과 적군의 속사정까지 파악하는 것이다. 그래야 전
략적인 판단에 실제로 도움이 된다. 오늘날에도 어떤 일을 할 때 인
터넷에서 누구나 쉽게 검색할 수 있는 자료만 갖고 '안다'고 생각하면
위태롭다. '하늘과 땅을 잘 안다'는 것은 하늘의 이치와 지형에 대해
알고, 그에 적절한 전략을 수립한다는 것이다.

進不求名 退不避罪
진불구명 퇴불피죄
惟民 是保 而利合於主 國之寶也
유민 시보 이리합어주 국지보야

장수가 진격함에 명예를 구하지 않고,

후퇴함에 죄를 피하지 않으며,

오직 백성을 보호하고

이익이 군주에게 부합되는 것만을 생각한다면

나라의 보배다.

전투력을 최상으로 이끌려면

구지편 九地篇

산지(散地), 경지(輕地), 쟁지(爭地), 교지(交地), 구지(衢地),
중지(重地), 비지(圮地), 위지(圍地), 사지(死地)의
아홉 가지 지형에서의 공격법과 방어법을 기술한다.
장수는 전쟁터의 상황, 특히 지형을 정확하게 파악하고
그에 따라 다른 전술을 사용해야 함을 강조하고,
군사들의 전투력을 끌어올리는 방법도 소개한다.

아홉 가지의 지형에 맞는 전술을 구사한다

孫子曰 用兵之法 有散地 有輕地
손자왈 용병지법 유산지 유경지

有爭地 有交地 有衢地 有重地
유쟁지 유교지 유구지 유중지

有圮地 有圍地 有死地
유비지 유위지 유사지

손자가 말하였다. 용병법에는 산지(散地), 경지(輕地), 쟁지(爭地), 교지(交地), 구지(衢地), 중지(重地), 비지(圮地), 위지(圍地), 사지(死地)가 있다.

손자는 전쟁터를 아홉 가지로 구분했다. 산지(散地, 아군의 땅), 경지(輕地, 아군과 비교적 가까운 적군의 땅), 쟁지(爭地, 서로 빼앗으려 다투는 요충지), 교지(交地, 교전하는 땅), 구지(衢地, 다수의 국가와 교전하는 땅), 중지(重地, 적지 깊이 들어간 곳), 비지(圮地, 행군이 어려운 땅), 위지(圍地, 적에게 포위된 땅), 사지(死地, 퇴각할 수 없는 땅)가 그것이다. 장수는 이와 같은 전쟁터의 상황에 따라 다른 전술을 사용해야 한다.

산지(散地), 경지(輕地), 쟁지(爭地)

諸侯自戰其地者 爲散地 入人之地不深者 爲輕地
제 후 자 전 기 지 자　위 산 지　입 인 지 지 불 심 자　위 경 지

我得則利 彼得亦利者 爲爭地
아 득 즉 리　피 득 역 리 자　위 쟁 지

제후가 (봉토로 하사받은) 그의 땅을 (지키기 위해) 스스로 싸우는 곳을 산지 (散地)라 한다.

적지에 들어갔으나 (경계에서) 깊이 들어가지 않은 곳을 경지(輕地)라 한다.

아군이 점령해도 유리하고, 적군이 점령해도 또한 유리한 곳을 쟁지(爭地)라 한다.

　'산(散)'은 '흩어지다, 나누어주다'라는 뜻이다. '산지(散地)'는 천자가 제후에게 나누어준 봉토를 의미한다. 제후국 간의 전쟁에서 자기 땅에서 싸우면 불리하다. 아군 군사들이 흩어져 도망가기 쉽기 때문이다. '경지(輕地)'는 적의 국경에서 얼마 들어가지 않은 곳으로, 전투 중 비교적 쉽게 퇴각할 수 있는 땅이다. '쟁지(爭地)'는 아군과 적군이 모두 점령하면 유리한 전략적 요충지다. 서로 차지하려고 경쟁하는 곳이니, 빼앗기도 어렵고 지키기도 어렵다.

교지(交地), 구지(衢地), 중지(重地)

我可以往 彼可以來者 爲交地
아 가 이 왕 피 가 이 래 자 위 교 지

諸侯之地 三屬 先至而得天下之衆者 爲衢地
제 후 지 지 삼 촉 선 지 이 득 천 하 지 중 자 위 구 지

入人之地深 背城邑多者 爲重地
입 인 지 지 심 배 성 읍 다 자 위 중 지

아군이 갈 수 있고, 적군도 올 수 있는 땅을 교지(交地)라 한다.

제후의 땅이 세 나라와 접하고 있어, 먼저 이르는 자가 천하의 백성을 얻을
수 있는 곳을 구지(衢地)라 한다.

적지에 깊이 들어가, 배후에 성읍(도시)이 많은 곳을 중지(重地)라 한다.

'교지(交地)'는 교통이 편리하고 접근성이 좋은 곳이다. 험하지 않
은 평지 같은 곳이다. '구지(衢地)'는 여러 나라와 국경을 접해 외교적
으로 중요한 지역이다. 혼자 힘으로는 지키기 힘들지만, 주변 국가와
잘 연합하면 큰 이익을 얻을 수 있다. '중지(重地)'는 적국 깊숙이 들어
간 인구가 많은 도시 근처로, 사람과 물자가 풍부해 얻을 수 있는 것
이 많다. 하지만 그만큼 적에게도 중요한 곳이기에 자칫 잘못하면 포
위를 당해 빠져나오기 힘들 수 있다.

비지(圮地), 위지(圍地), 사지(死地)

山林險阻沮澤 凡難行之道者 爲圮地
산 림 험 조 저 택 범 난 행 지 도 자 위 비 지

所由入者隘 所從歸者迂 彼寡可以擊吾之衆者 爲圍地
소 유 입 자 애 소 종 귀 자 우 피 과 가 이 격 오 지 중 자 위 위 지

疾戰則存 不疾戰則亡者 爲死地
질 전 즉 존 부 질 전 즉 망 자 위 사 지

산림, 험준한 곳, 늪지와 같이 무릇 행군하기 힘든 곳을 비지(圮地)라 한다.

들어가는 길은 좁고 돌아 나오는 길은 멀어, 적이 작은 병력으로 다수의 아

군을 공격할 수 있는 곳을 위지(圍地)라 한다.

(죽을 힘을 다해) 빨리 싸우면 살 수 있고, 그렇지 않으면 멸망하는 곳을 사지

(死地)라 한다.

'비(圮)'는 '무너지다, 허물어지다'를 뜻한다. '비지(圮地)'는 땅이 고르
지 않아 행군이 힘든 험한 지형이다. 교통이 편한 '교지(交地)'와는 반
대의 지형이다. '위지(圍地)'는 입구가 좁아 적은 수의 적에게도 포위
당하기 쉬운 지형이다. 등 뒤에 강이나 절벽이 있는 경우와 같이 죽
을힘을 다해 싸워 살길을 뚫어내면 간혹 벗어날 수도 있지만, 일반적
으로는 퇴로가 없어 죽기 쉬운 곳을 '사지(死地)'라고 한다.

상황에 따라 다른 전술을 활용한다

是故 散地則無戰 輕地則無止 爭地則無攻
시고 산지즉무전 경지즉무지 쟁지즉무공

交地則無絶 衢地則合交 重地則掠
교지즉무절 구지즉합교 중지즉략

圮地則行 圍地則謀 死地則戰
비지즉행 위지즉모 사지즉전

산지(散地)에서는 싸우면 안 되고, 경지(輕地)에서는 멈추지 않으며, 쟁지(爭地)에서는 공격하지 말아야 한다. 교지(交地)에서는 (통로를) 끊어서는 안 되고, 구지(衢地)에서는 외교를 맺어야 하며, 중지(重地)에서는 약탈해야 한다. 비지(圮地)는 (지체 없이 빨리) 지나가고, 위지(圍地)에서는 모책을 써야 하며, 사지(死地)에서는 (죽음을 각오하고) 싸워야 한다.

내 땅에서 싸우다 군사들이 불리하면 전장을 이탈할 수 있다. '경지(輕地)'에서는 머뭇거리지 않고 움직여야 한다. '쟁지(爭地)'는 빼앗더라도 지키기 어려우니 공격하지 않는다. '교지(交地)'에서 싸울 때 인력과 물자가 이동하는 주요 통로는 끊지 말아야 한다. 나중에 필요할 때 다시 정비하기 힘들다. 많은 국가와 국경을 접한 '구지(衢地)'에서는 외교 관계를 잘 맺는다. 적진 깊숙하게 자리 잡은 주요 도시에서는 약탈하여 군수품을 조달한다. 험한 지형은 빨리 지나치고, 포위당했을 때는 계책을 써서 빠져나오며, '사지(死地)'에서는 죽기로 싸울 수밖에 없다.

적을 이간질해 전력을 약화시킨다

所謂古之善用兵者 能使敵人 前後不相及
소 위 고 지 선 용 병 자 능 사 적 인 전 후 불 상 급

衆寡不相恃 貴賤不相救
중 과 불 상 시 귀 천 불 상 구

上下不相收 卒離而不集 兵合而不齊
상 하 불 상 수 졸 리 이 부 집 병 합 이 부 제

合於利而動 不合於利而止
합 어 리 이 동 불 합 어 리 이 지

용병에 능한 장수는 적의 전후방이 연락하지 못하게 했고, 대부대와 소부대가 서로 의지하지 못하게 했으며, 장수와 군사가 서로 구하지 못하게 했다. 위아래부대가 서로 돕지 못하게 했고, 군사들이 모이지 못하게 했으며, 모이더라도 부대를 편성할 수 없도록 진영을 흐트러뜨렸다. 이익에 합치하면 움직이되 그렇지 않으면 멈췄다.

전쟁에서 승리를 위해서 아군의 전투력을 강화하는 것만큼, 적군의 전투력을 약화하는 계책을 쓰는 것이 중요하다. 방법은 여러 가지다. 무엇보다 적의 부대 사이에 소통이 잘되지 않게 차단해 서로 돕지 못하게 하면, 적군이 유기적으로 움직일 수 없다. 정신 차리지 못하게 몰아붙이거나 실제 공격하지 않으면서 자주 공격하는 척하여 우왕좌왕하게 하면 스스로 무너진다.

적이 소중하게 여기는 것을 빼앗는다

敢問 敵衆整而將來 待之若何
감 문 적 중 정 이 장 래 대 지 약 하

曰 先奪其所愛 則聽矣
왈 선 탈 기 소 애 즉 청 의

감히 묻건대 적의 대군이 대열을 정돈하여 장차 공격해온다면 그에 어떻게 대비하면 좋겠는가? 대답하자면, 먼저 적이 소중하게 여기는 것을 빼앗으면 곧 순종할 것이다.

적을 쥐고 흔들려면 적이 나의 뜻대로 움직이지 않을 수밖에 없게 만들어야 한다. 어떻게 하면 내 뜻대로 움직이게 할 것인가? 적이 가장 필요로 하고 소중하게 여기는 것을 빼앗는 것이다. 예를 들어, 아군의 땅에 쳐들어온 적이라면 수송로나 보급창고가 공격받을 때 수비하러 가지 않을 수 없다. 본국에서 멀리 떠나온 적은 제후가 있는 수도가 공격받을 위기에 있다는 소문을 듣고 퇴각을 고민하지 않을 수 없다. 승리는 꼭 전투에서만 결정되는 것이 아니다.

적이 예상하지 못하게 기습한다

兵之情 主速 乘人之不及 由不虞之道 攻其所不戒也
병 지 정 주 속 승 인 지 불 급 유 불 우 지 도 공 기 소 불 계 야

군대의 사정은 빠른 것을 위주로 하는 것이다.
적이 (아군의 속도에) 미치지 못하는 틈을 타서, 생각하지 못한 길을 따라, 경
계하지 않는 곳을 공격한다.

적의 예상을 벗어난 시간과 장소를 선택해 공격하면 승리할 수 있
다. 시간을 빼앗으려면 아군의 속도를 높여야 한다. 칭기즈칸과 나폴
레옹의 군대가 승승장구했던 것은 상대의 예상을 훨씬 뛰어넘는 빠
른 행군 속도였다. 신속하게 예상하지 못한 지점을 타격하면, 실제
피해가 크지 않더라도 적은 아군을 두려워하게 되어 심리적으로 무
너진다. 인간은 보이지 않거나 예측할 수 없는 상대에게는 공포심을
갖게 마련이다.

군대의 전투력을 끌어올리는 법

凡爲客之道 深入則專 主人不克
범 위 객 지 도　심 입 즉 전　주 인 불 극
掠於饒野 三軍足食 謹養而勿勞 併氣積力
약 어 요 야　삼 군 족 식　근 양 이 물 로　병 기 적 력
運兵計謀 爲不可測 投之無所往 死且不北
운 병 계 모　위 불 가 측　투 지 무 소 왕　사 차 불 배

(적진에) 깊숙이 들어가면 곧 (군사들이 싸움에) 전념하여 적이 이길 수 없다. 기름진 들판에서 약탈하면 삼군이 충분히 먹을 수 있다. 삼가 (군사들을) 잘 먹이고 수고롭게 하지 않으면 사기가 모이고 힘을 축적한다. 군대를 움직이고 계책을 쓸 때는 (적이) 예측할 수 없게 한다. 군사들을 갈 곳 없는 장소에 몰아넣으면 죽는 한이 있어도 도망치지 않는다.

손자의 병법은 현실적이지만 때로는 비정하다. 남의 나라를 침략할 때 군사들이 아예 도망칠 생각을 하지 못하게 적진 깊숙이 들어간다. 적국에서는 식량을 약탈해 아군을 잘 먹이고 힘을 비축한다. 계책을 쓸 때는 적뿐만 아니라 아군도 알아차리지 못하게 하고, 때로는 군사들을 사지로 몰아넣어 싸울 수밖에 없게 만든다. 적뿐만 아니라 아군의 장졸들도 자기 뜻대로 부리는 것이 손자가 이상적으로 생각하는 뛰어난 장수의 역량이다.

죽을 지경이 되면 온 힘을 다해 싸운다

死焉不得士人盡力 兵士 甚陷則不懼 無所往則固
사 언 부 득 사 인 진 력 병 사 심 함 즉 불 구 무 소 왕 즉 고

深入則拘 不得已則鬪
심 입 즉 구 부 득 이 즉 투

죽을 지경이 되면 어찌 군사들이 온 힘을 다하지 않겠는가?

군사들은 깊은 함정에 빠지면 두려워하지 않고, 도망갈 곳이 없으면 굳세진다.

적지에 깊이 들어가면 단결하고, 어쩔 수 없으면 곧 싸우게 된다.

사람은 남이 시키는 것은 하기 싫어한다. 전쟁 중 군사들도 마찬가지다. 자신의 의지로 싸우고 있는 것이 아니니, 불평하며 고향에 돌아갈 생각으로 가득하다. 하지만 스스로 필요를 느끼고, 절박하면 모든 지혜와 역량을 집중한다. 전투 중 싸우지 않고 도저히 빠져나올 수 없는 지경이 되면 군사들은 살아남기 위해 스스로 용기를 낸다. 힘을 하나로 모으지 않으면 안 되니 단결할 수밖에 없다.

위기에 처하면 자연스레 강해진다

是故 其兵 不修而戒 不求而得
시 고 기 병 불 수 이 계 불 구 이 득
不約而親 不令而信 禁祥去疑 至死無所之
불 약 이 친 불 령 이 신 금 상 거 의 지 사 무 소 지

이 때문에 그런 군대는 훈련하지 않아도 경계하고,

요구하지 않아도 뜻대로 움직이며,

(규약으로) 구속하지 않아도 서로 친하고,

명령을 내리지 않아도 지휘관을 신뢰한다.

유언비어를 금하고 의구심을 없애면,

죽음에 이르러도 그 부대를 이탈하는 자가 없다.

　　절박한 상황에 빠진 군대의 군사들은 훈련하지 않아도 스스로 살아남기 위해 경계한다. 장수가 명령하지 않아도 생존을 위해 최적화된 방식으로 움직인다. 전쟁에서는 지휘관을 중심으로 부대가 하나가 되어야 한다. 지휘관의 능력이 심각하게 부족하지 않다면, 군사들은 지휘관을 신뢰하여 따르려 한다. 헛소문이나 미신과 같은 것은 군사들의 사기를 떨어뜨릴 수 있다. 이런 것을 금지하고 군사들의 의식을 전투에 집중시키면 탈영하는 군사가 없다.

눈물 흘리던 군사도 사지에선 용맹하다

吾士無餘財 非惡貨也 無餘命 非惡壽也
오사무여재 비오화야 무여명 비오수야

令發之日 士卒坐者 涕霑襟 偃臥者 涕交頤
영발지일 사졸좌자 체점금 언와자 체교이

投之無所往者 諸劌之勇也
투지무소왕자 제귀지용야

우리 군사들이 재물을 아까워하지 않는 것은 재물을 싫어해서가 아니다. 목숨을 아까워하지 않는 것도 수를 다 누리고 싶지 않아서가 아니다. 출격 명령을 받는 날에 앉아 있는 군사들은 눈물이 옷깃을 적시고, 누워 있는 군사들은 턱까지 눈물이 흐른다.

그들을 갈 곳 없는 곳으로 몰아넣으면 전제와 조귀의 용기를 보여준다.

전제는 오왕 합려를 위해 목숨을 아끼지 않고 오왕 요를 암살한 자객이다. 조귀는 제나라와 노나라의 회담장에 칼을 들고 뛰어들어 제 환공을 협박해 노나라의 땅을 되찾은 인물이다. 두 사람은 목숨을 아끼지 않는 용기를 내 임무를 완수했다는 공통점이 있다. 군사들은 재물을 좋아하고 죽을까 두려워 눈물 흘리는 보통 사람이다. 하지만 장수가 그들의 용기를 끌어낼 수 있다. 용기 있는 군사가 많아 승리하는 것이 아니라 장수가 군사들의 용기를 끌어내야 승리할 수 있다.

뛰어난 장수는
군대를 유기적으로 움직인다

故 善用兵者 譬如率然 率然者 常山之蛇也
고 선용병자 비여솔연 솔연자 상산지사야

擊其首則尾至 擊其尾則首至 擊其中則首尾俱至
격기수즉미지 격기미즉수지 격기중즉수미구지

그러므로 용병을 잘 하는 장수는 비유컨대 솔연과 같다(솔연처럼 군대를 움직인다).

솔연은 상산에 사는 뱀이다.

그 머리를 치면 꼬리가 달려들고, 그 꼬리를 치면 머리가 달려든다.

그 가운데를 치면 머리와 꼬리가 함께 달려든다.

솔연은 전설 속의 뱀으로, 몸의 어느 곳을 공격당하더라도 사납게 반격한다고 한다. 머리를 다치거나, 꼬리에 상처 입거나, 몸이 두 동강 난 뱀은 살아남을 수 없다. 손자는 어떤 부위를 공격당하더라도 재빠르게 반격하는 솔연처럼, 장수가 군대를 유기적으로 움직여 전투 상황에서 부대 간에 서로 빠르게 지원할 수 있도록 만들어야 한다고 말한다. 이를 위해서는 부대 간의 긴밀한 연락, 장수의 상황 판단, 장수의 지시대로 움직이는 지휘 체계 등이 필요하다.

군사들의 힘은 하나로 모을 수 있다

敢問 兵 可使如率然乎 曰 可
감 문 병 가 사 여 솔 연 호 왈 가

夫吳人與越人 相惡也
부 오 인 여 월 인 상 오 야

當其同舟而濟 遇風 其相救也 如左右手
당 기 동 주 이 제 우 풍 기 상 구 야 여 좌 우 수

감히 묻건대 군대를 솔연처럼 부릴 수 있는가?

대답하자면, 그렇게 할 수 있다.

오나라 사람과 월나라 사람은 서로 미워한다.

하지만 그들이 같은 배를 타고 물을 건너가다가 풍랑을 만나면,

서로 돕기를 왼손과 오른손처럼 하는 것과 같다.

손자는 앞의 말에 이어 군대를 솔연처럼 부릴 수 있는 가능성에 대해 말한다. 전국시대에 오나라와 월나라는 서로 원수지간이었다. 평소에는 서로를 미워하지만 한 배를 타고 가다가 위기에 처하면 살아남기 위해 도왔다. 이처럼 부대 간에 긴밀하게 연락이 되지 않고, 장수의 상황 판단이 다소 느리고, 지휘 체계가 잘 잡히지 않은 군대라고 하더라도 위험에 처하면 서로 돕는다. 상황을 잘 이용하면 군사들의 힘을 잘 결집할 수 있다.

장수의 자질이 중요하다

是故 方馬埋輪 未足恃也 齊勇若一 政之道也
시고 방마매륜 미족시야 제용약일 정지도야

剛柔皆得 地之理也
강유개득 지지리야

故 善用兵者 携手若使一人 不得已也
고 선용병자 휴수약사일인 부득이야

이 때문에 여러 말을 나란히 세워 재갈을 묶어놓고, 수레바퀴를 땅에 묻어도 족히 믿을 만한 것이 못 된다.

군사들을 모두 용감하게 하나로 만드는 것이 군정의 도다. 강하고 약한 군사 모두 (전투에) 이득이 되게 하는 것은 (장수가) 지리적인 이치를 잘 활용하기 때문이다.

그러므로 용병을 잘하는 장수는 마치 한 사람의 손을 잡아 이끌듯 군대를 지휘하는데, 이는 (군사들로 하여금) 그렇게 할 수밖에 없게 만들기 때문이다.

말을 나란히 세워 재갈을 묶어놓고, 수레바퀴를 땅에 묻어놓으면 군사들이 후퇴하거나 도망가지 못한다. 하지만 이렇게 하더라도 군사들이 용감하게 싸우지는 않는다. 군사 한 사람 한 사람의 용기를 이끌어내는 것이 더 좋은 방법이다. 군사의 자질보다 군사들의 용기를 끌어올리는 장수의 자질이 중요하다.

장군의 계책을 군사들이 알지 못하게 한다

將軍之事 靜以幽 正以治
장 군 지 사 정 이 유 정 이 치

能愚士卒之耳目 使之無知
능 우 사 졸 지 이 목 사 지 무 지

易其事 革其謀 使人無識
역 기 사 혁 기 모 사 인 무 식

易其居 迂其途 使人不得慮
역 기 거 우 기 도 사 인 부 득 려

장군이 하는 일은 드러내지 않음(은폐하는 데)에는 조용하게 하고, 지휘통솔에는 공정해야 한다.

군사들의 귀와 눈을 어리석게 하여 계획과 계책을 바꿔도 알아차리지 못하게 한다.

그 주둔지를 바꾸고 경로를 우회해도 군사들이 깨닫지 못하게 해야 한다.

전략상 어쩔 수 없이 일부 군사들은 미끼가 되어야 하는 경우가 있다. 장군이 적을 속이기 위해 지름길로 가지 않고 우회하여 행군하도록 명령을 내리는데, 군사들이 지름길로 가는 것이 더 편하다고 주장하면, 장군의 계책은 무용지물이 된다. 장군이 기묘한 계책을 내더라도 군사들에게 그 의도를 들키면, 그 효과가 반감될 수 있다. 장군은 한 수 위의 생각을 하고, 계책을 군사들이 알지 못하게 해야 한다.

전쟁에는 비상한 각오로 임한다

帥與之期 如登高而去其梯
수 여 지 기   여 등 고 이 거 기 제

帥與之深入諸侯之地 而發其機 焚舟破釜
수 여 지 심 입 제 후 지 지   이 발 기 기   분 주 파 부

若驅群羊 驅而往 驅而來 莫知所之
약 구 군 양   구 이 왕   구 이 래   막 지 소 지

장수가 군사들과 함께 결전의 시기를 맞이해서는 높은 곳에 올라가 그 사다리를 치워버리는 것처럼 한다.

장수가 군사들과 함께 (다른 나라) 제후들의 땅으로 깊이 들어갈 때는 쇠뇌를 격발하는 것처럼 하고, 배를 태우고, 솥을 깨뜨리듯 한다.

양떼를 몰 듯 갔다 와도 오지만 군사들이 어디를 가는지 알지 못하게 한다.

싸우는 것 외에 다른 선택지가 있다고 생각하면 군사들이 온 힘을 다해 싸우지 않는다. 높은 곳에 올라가 사다리를 치우는 것은 내려올 선택지를 없애는 것이다. 적지에 침투하여 강을 건넜는데 배를 태우면, 돌아갈 곳이 없으니 앞으로 나아가는 수밖에 없다. 솥을 깨뜨리면 밥을 지어 먹을 수 없으니, 적과 싸워 이겨 약탈하는 방법밖에 남지 않는다. 장수는 결전의 시기에는 비상한 각오로 전투에 임하고, 군사들도 장수와 한마음이 되도록 한다.

험한 곳에 군사들을 투입하기 전에 정밀하게 생각해야 한다

聚三軍之衆 投之於險 此謂將軍之事也
취 삼 군 지 중 투 지 어 험 차 위 장 군 지 사 야

九地之變 屈伸之利 人情之理 不可不察也
구 지 지 변 굴 신 지 리 인 정 지 리 불 가 불 찰 야

삼군의 군사들을 모아 그들을 험한 곳에 투입하는 것, 이것이 장군의 일이다.
여러 지형의 변화와 군대를 후퇴하고 진격할 때의 이점, 군사들의 감정의
이치를 살피지 않을 수 없다.

군사 개개인의 삶을 생각하면 군사들에게 위험한 임무를 맡길 때
신중하지 않을 수 없다. '구지(九地)'는 말 그대로 아홉 가지 지형에 대
해 언급하는 것으로 볼 수도 있지만 지형이 어찌 아홉 가지뿐이겠는
가? '구(九)'가 '많다, 다양하다'라는 의미인 점을 생각하면, 여러 다양
한 지형과 그 변화에 대해 철저하게 분석해야 한다는 뜻으로 이해할
수 있다. 이와 함께 군대를 나아가고 물러감에 어떤 이익이 있는지,
군사들의 심리는 어떨지 정밀하게 생각해야 소중한 군사들의 생명을
아끼고 승리를 얻을 수 있다.

후퇴할 곳이 없어야 마음을 합할 수 있다

凡爲客之道 深則專 淺則散
범 위 객 지 도 심 즉 전 천 즉 산

무릇 남의 나라를 침략하는 도리는 다음과 같다.
(적국에) 깊숙이 들어가면 (군사들이) 전념하여 하나가 되지만
얕게 들어가면 분산된다.

'위객지도(爲客之道)'는 '주인이 아니라 손님이 되어 전쟁한다'는 말로, 남의 땅에 들어가 전쟁하는 것을 말한다. 적국과 우리나라 경계 가까운 곳에서 전투를 벌이면 군사들의 힘을 하나로 합치기 힘들 수 있다. 국경을 넘어 도주하면 고향으로 돌아갈 수 있기에 군사들이 두 마음을 품을 가능성이 크기 때문이다. 오히려 적국에 깊이 들어가서 싸우면 군사들이 전투에 전념한다. 달아났다가 적에게 사로잡혀 죽는 것보다는 싸우는 것이 더 현명한 선택지이기 때문이다.

나라 밖에서 싸울 때
지형을 잘 알아야 한다

去國越境而師者 絶地也 四達者 衢地也
거 국 월 경 이 사 자 절 지 야 사 달 자 구 지 야

入深者 重地也 入淺者 輕地也
입 심 자 중 지 야 입 천 자 경 지 야

背固前隘者 圍地也 無所往者 死地也
배 고 전 애 자 위 지 야 무 소 왕 자 사 지 야

자기 나라를 떠나 국경을 넘어 군대를 움직이는 것을 '절지(絶地)'라 한다.

사방으로 통하는 곳은 '구지(衢地)'다.

적지 깊숙이 들어간 곳은 '중지(重地)'고, 얕게 들어간 곳은 '경지(輕地)'다.

험한 지형을 등지고 좁은 길을 앞에 두고 있는 곳은 '위지(圍地)'이며, 도망갈

곳 없는 곳은 '사지(死地)'다.

절지, 구지, 중지, 경지, 위지, 사지의 여섯 가지 지형에 대해 언급하고 있다. 자기 나라를 떠나 싸울 때 특히 이 여섯 가지 지형을 잘 알고 그에 맞추어 전략을 수립해야 함을 강조하는 것이다. 국경을 넘어 자국과 단절된 절지에 처하면 보급이나 퇴각에 신경 써야 한다. 교통이 편리한 구지, 국경에서의 거리에 따른 중지와 경지, 위태로운 지형인 위지와 사지 등에서 고려해야 할 것이 각기 다르다.

아홉 지형에서 장수의 전략
산지(散地), 경지(輕地), 쟁지(爭地),
교지(交地), 구지(衢地)

是故 散地 吾將一其志 輕地 吾將使之屬
시고 산지 오장일기지 경지 오장사지촉

爭地 吾將趣其後 交地 吾將謹其守 衢地 吾將固其結
쟁지 오장추기후 교지 오장근기수 구지 오장고기결

그러므로 '산지(散地)'에서 나는 장차 군사들의 뜻을 하나로 만들고,

'경지(輕地)'에서 나는 장차 부대 간에 소통이 잘 되게 할 것이다.

'쟁지(爭地)'에서 나는 장차 적의 후방을 공격할 것이다.

'교지(交地)'에서 나는 장차 삼가 부대의 수비를 튼튼히 할 것이다.

'구지(衢地)'에서 나는 장차 주변국과 결속을 단단하게 할 것이다.

아홉 지형에서의 구체적인 전략을 제시하고 있다. 흩어져 도망가기 쉬운 자국 내(산지)에서는 군사들의 뜻을 하나로 모으고, 국경 근처(경지)에서는 유기적인 움직임이 가능하도록 소통에 힘쓴다. 전략적 요충지(쟁지)에서는 적의 방비가 튼튼하니 후방을 교란하며, 왕래가 활발한 땅(교지)에서는 적이 쉽게 쳐들어올 수 있으니 방어에 힘쓴다.

아홉 지형에서 장수의 전략
중지(重地), 비지(圮地), 위지(圍地), 사지(死地)

重地 吾將繼其食 圮地 吾將進其塗 圍地 吾將塞其闕
중 지 오 장 계 기 식 비 지 오 장 진 기 도 위 지 오 장 색 기 궐
死地 吾將示之以不活
사 지 오 장 시 지 이 불 활

'중지(重地)'에서 나는 장차 식량 공급이 끊어지지 않게 할 것이다.

'비지(圮地)'에서 나는 장차 그 길을 나아가게 할 것이다.

'위지(圍地)'에서 나는 장차 (적이 달아나도록 만든) 트인 곳을 막게 할 것이다.

'사지(死地)'에서 나는 장차 아군에게 (싸우는 것 외에는) 살길이 없음을 보여
줄 것이다.

앞과 이어지는 내용이다. 적국 깊숙이 들어간 땅(중지)에서는 보급
에 신경 쓰고, 행군이 힘든 땅(비지)은 되도록 빨리 벗어난다. 포위당
하기 쉬운 땅(위지)에서는 적이 미끼로 남겨둔 길로 후퇴하지 않고, 도
망갈 곳이 없는 땅(사지)에서는 군사들에게 싸울 수밖에 없음을 일깨
워준다.

군사들의 심리를 활용한다

故 兵之情 圍則禦 不得已則鬪 過則從
고 병지정 위즉어 부득이즉투 과즉종

그러므로 군사들의 마음은 포위당하면 방어하고, 어찌할 수 없으면 싸우며,
절박하면 명령에 따른다.

전국시대에 전쟁터에 끌려간 군사들의 심리를 생각해보면, 굳이
목숨 바쳐 열심히 싸울 이유가 없었을 것이다. 생업에 종사하며 가족
을 부양해야 하는데, 제후들의 땅따먹기 전쟁에 억지로 끌려갔으니
전투 의욕이 높을 수가 없었을 것이다. 하지만 적에게 둘러싸여 목숨
이 위태로우면 힘껏 싸우려 할 것이고, 지나치게 힘든 곤경에 처하면
장수의 명령에 더욱 의지하게 된다. 장수는 이때를 놓치지 말고 군사
들의 힘을 하나로 모아 싸우도록 해야 한다. 그렇지 않으면 군사들은
적의 투항 명령에 굴복할 수도 있다.

아홉 가지 지형을 모두 알아야
패왕의 군대가 된다

四五者 不知一 非霸王之兵也
사 오 자 부 지 일 비 패 왕 지 병 야

이러한 아홉 가지 중 한 가지라도 알지 못하면 패왕의 군대가 될 수 없다.

'사오자(四五者)'는 4와 5를 더한 9를 가리킨다. 〈구지편〉에서 언급하고 있는 아홉 가지 지형, 즉 다양한 지형과 나아가 적의 동태, 제후들의 속셈 등을 철저히 파악해야 패왕의 군대가 될 수 있다는 것이다. '패왕(霸王)'은 여러 의미로 쓰이지만 여기서는 춘추전국시대에 힘을 가진 제후를 말한다. 춘추시대에는 오패라 부르는 제환공(齊桓公), 진문공(晉文公), 초장왕(楚莊王), 오왕합려(吳王闔閭), 월왕구천(越王勾踐)이 있었고, 전국시대에는 칠웅이라 부르는 제(齊), 초(楚), 연(燕), 한(韓), 조(趙), 위(魏), 진(秦)이 있었다.

패왕의 군대는 위세로 제후들을 제압한다

夫霸王之兵 伐大國 則其衆不得聚
부 패 왕 지 병   벌 대 국   즉 기 중 부 득 취

威加於敵 則其交不得合
위 가 어 적   즉 기 교 부 득 합

是故 不爭天下之交 不養天下之權
시 고   부 쟁 천 하 지 교   불 양 천 하 지 권

信己之私 威加於敵 故 其城 可拔 其國 可隳
신 기 지 사   위 가 어 적   고   기 성   가 발   기 국   가 타

무릇 패왕의 군대가 큰 나라를 공격하면 군사들이 모여들지 못하고, 위세가
적에게 가해져 (적들 간에) 외교 관계를 맺지 못한다.
이 때문에 천하 제후들과의 외교를 다투지 않고, 천하의 권력을 빼앗으려
하지 않는다. 자신의 능력을 믿고 적에게 위압을 가하는 것이다.
그러므로 그 성을 공략할 수 있고, 그 나라를 무너뜨릴 수 있다.

호랑이가 자기 영역에 배설물 냄새를 풍기고, 포효로써 위세를 과
시하면 다른 동물들이 덤벼들 생각을 하지 못한다. 이처럼 패왕의 군
대는 약소국들을 하나하나 찾아가 멸망시키기보다는 위세로써 제압
한다. 상대에게 두려움을 주어 스스로 굴복하게 해야지, 모두를 힘으
로 제압하려고 하는 시도는 어리석다. 만약 모든 제후국을 상대로 전
쟁을 벌인다면 아무리 국력이 강한 나라라도 금세 세가 기울 것이다.

군사를 수족같이 부리려면
편법도 활용한다

施無法之賞 懸無政之令 犯三軍之衆 若使一人
시 무 법 지 상 현 무 정 지 령 범 삼 군 지 중 약 사 일 인

법과 규정에 맞지 않더라도 상을 주고, 군정에 없는 명령을 내리면
삼군의 많은 군사를 마치 한 사람 다루듯 할 수 있다.

　　전쟁터에서는 법과 규율을 잘 지키는 것도 중요하지만 군사들의
사기를 끌어올리는 것도 중요하다. 우직하기만 한 장수는 규정을 지
키느라 사기를 떨어뜨릴 수 있으니 주의해야 한다. 평소에는 허용하
지 않는 것도 허용하여 병사들을 수족으로 만드는 것도 장수의 중요
한 역량이다. 예를 들면, 적절한 약탈을 허용하거나 규정에 없더라도
어느 정도 공을 세운 군사에게 상을 내리기도 하는 것이다. 이렇게
하면 군사들의 충성심이 높아지고, 기꺼이 장수의 명령에 복종하게
된다.

군사들은
일과 이로움으로써 움직여야 한다

犯之以事 勿告以言 犯之以利 勿告以害
범 지 이 사 물 고 이 언 범 지 이 리 물 고 이 해

군사들을 기만하여 활용함에 일로써 해야지,
말로써는 알리지 말아야 한다.
군사들을 활용함에 이로움으로써 해야지,
해로운 것은 알리지 말아야 한다.

손자는 장수와 군사들과의 관계가 민주적인 것을 이상적으로 보지
않았다. 전쟁에서는 집단지성보다는 뛰어난 장수의 판단을 더 중요
하다고 본 것이다. 심지어는 장수에게 군사들을 기만해서 활용하라
고까지 말할 정도다. 장수가 군사들에게 작전에 대해 일일이 설명하
거나 설득하는 과정은 전투 상황에서 비효율적이고, 정보 유출의 위
험이 있다. 작전을 지시할 때 어떤 위험이 있는지 설명하기보다는 이
익을 내세워 군사들을 움직이는 것이 계략을 실행하는 데 유리하다.

해로움에 빠진 뒤에 승패가 결정된다

投之亡地然後 存 陷之死地然後 生
투 지 망 지 연 후 존 함 지 사 지 연 후 생
夫衆陷於害然後 能爲勝敗
부 중 함 어 해 연 후 능 위 승 패

군사들을 망할 땅에 몰아넣은 이후에 생존하게 되고,

죽을 땅에 빠지게 한 후에 살아남게 된다.

무릇 군중은 해로움에 빠진 이후에 승패를 결정지을 수 있다.

군사들을 절박한 상황에 몰아넣으라는 말이 계속해서 반복된다. 군사들은 권한도 적지만 그만큼 책임감도 적다. 위기를 피부로 느껴야 주인의식을 갖고 움직인다. 어떤 조직이라도 일반 구성원들은 조직을 이끌어가는 리더에 비해 책임감이나 사명감이 덜할 수 있다. 리더의 역할은 평소에 목표 달성에 대한 눈높이를 맞추기 위해 노력하거나 현실을 직시하게 함으로써 구성원들의 잠재된 역량을 끌어내는 것이다.

적을 따르는 척하면서 의중을 파악한다

故 爲兵之事 在於順詳敵之意
고 위병지사 재어순상적지의

幷敵一向 千里殺將 此謂巧能成事者也
병적일향 천리살장 차위교능성사자야

그러므로 전쟁에서 중요한 일은

적의 의중에 따르는 척하면서 상세하게 파악하는 데 있다.

적과 함께 한 방향으로 움직이면서 천 리 밖의 적장을 죽일 수 있다.

이를 일러 교묘하게 일을 성사시키는 장수라고 한다.

　

적의 계략이 의심되는 상황이라면 일단 그 계략에 걸려드는 척하면서 적의 움직임을 보면 그 의중을 알 수 있다. 예를 들어, 적이 조금 공격하다가 후퇴하면 아군을 유인하려는 것인지, 정말 후퇴하는 것인지 바로 알아차리기 힘들다. 이럴 때는 경계하면서 추격한다. 적이 매복하기 좋은 곳으로 아군을 유인한다면 멈추고, 평지로 퇴각하며 군사들이 흩어지면 끝까지 추격한다. 전투 상황에서는 적의 계략에 넘어가는 척하면서 그 의중을 파악하는 것도 장수의 중요한 역량이다.

전쟁이 일어난 후에 하는 일

是故 政擧之日 夷關折符 無通其使
시 고 정 거 지 일 이 관 절 부 무 통 기 사

勵於廊廟之上 以誅其事
여 어 랑 묘 지 상 이 주 기 사

그러므로 군사를 일으키는 날에는 국경의 관문을 봉쇄하고,

부절을 꺾어 사신들이 통과하지 못하게 한다.

조정에서는 (적국에게) 그 일의 책임을 묻는 데 힘쓴다.

전국시대에 실제로 전쟁이 일어나면 어떻게 해야 하는지 확인할 수 있는 말이다. 전쟁이 나면 국경에 있는 문을 모두 닫아걸고, 사신들의 부절을 빼앗아 꺾어버리고 살해한다. 당시에는 전쟁의 명분도 중요했기에, 조정에서는 모여 대책회의를 하면서 적국에 전쟁에 대한 책임을 물었다. 여기서 '주기사(誅其事)'는 '그 일을 책망한다'라는 말인데, '그 일'을 전쟁으로 보면 적에게 전쟁의 책임을 묻는 것이지만 '아군 각 부처의 대비를 강화한다'라고 해석할 수도 있다.

적의 상황을 살펴 기회를 노린다

敵人開闔 必亟入之 先其所愛 微與之期
적 인 개 합　필 극 입 지　선 기 소 애　미 여 지 기
踐墨隨敵 以決戰事
천 묵 수 적　이 결 전 사

적군이 성문을 여닫을 때 반드시 재빨리 그곳에 첩자를 들여보낸다. 먼저
적이 소중하게 여기는 것을 공략할 시기를 은밀하게 염탐하고, 묵묵하게 적
의 상황을 살피다가 단번에 전쟁의 승패를 결정짓는다(공격한다).

전쟁이 나면 가장 중요한 것이 적의 동태를 파악하는 것이다. 오늘
날의 군사 첩보 작전 정도까지는 아니더라도, 전국시대에도 적지에
간첩을 보내 상세한 정보를 빼내려고 노력했다. 간첩에 대한 자세한
내용은 뒤에 〈용간편〉에서 살펴보겠다. 간첩을 투입해 알아내야 할
중요한 정보는 적이 가장 소중히 여기는 취약점, 아군이 공격 가능한
시기, 장소 등이다. 적의 상황을 예의주시하다가 공격할 때라고 판단
하면 단번에 승부를 가려야 한다.

기회가 오면
신속하게 움직여 적을 제압한다

是故 始如處女 敵人開戶 後如脫兎 敵不及拒
시 고 시 여 처 녀 적 인 개 호 후 여 탈 토 적 불 급 거

그러므로 처음에는 처녀와 같지만 (처녀와 같이 조용히 움직이지만) 적군이
문을 연 후에는 도망치는 토끼처럼 (재빨라져) 적군이 항거할 수 없게 한다.

초원의 사자는 배가 고파 사냥해야 할 상황이라도, 마치 배가 부른 듯 먹잇감 주위를 어슬렁거린다. 초식동물들은 사자와 일정한 거리를 두고 경계하면서 풀을 뜯다가, 사자가 한참 동안 그렇게 주변을 맴돌면 방심한다. 사자는 먹잇감이 방심한 작은 틈을 놓치지 않는다. 단숨에 공격해 목을 물어 숨통을 끊어버린다. 적의 방비가 느슨해지고, 장수와 병사들이 방심할 때가 아군에게는 기회다. 기회가 왔을 때는 신속하게 적을 제압해야 적이 대항할 수 없다. 적에게 시간을 주면 진형을 갖추고 반격해올 수 있다.

이로움을 놓치지 않으려면

화공편 火攻篇

이 편에서는 적을 불로 공격하는 방법과 조건을 기술한다.
과거 전투에서 화공은 흔히 사용하는 방법이었지만
손자는 좋은 방법으로 보지는 않았다.
화공을 쓰면 피해가 커서 이기더라도 얻을 것이 많지 않기 때문이다.
전반부에서는 화공을 자세히 소개하나
후반부에서는 전쟁에 신중할 것을 거듭 강조한다.

화공의 다섯 가지 종류

孫子曰 凡火攻 有五
손 자 왈 범 화 공 유 오

一曰火人 二曰火積 三曰火輜 四曰火庫 五曰火隊
일 왈 화 인 이 왈 화 적 삼 왈 화 치 사 왈 화 고 오 왈 화 대

손자가 말하였다. 무릇 화공(火攻, 불로 하는 공격)에는 다섯 가지 방법이 있다.
첫째, 적의 군사를 태우는 것이다. 둘째, 적이 쌓아둔 식량을 태우는 것이다.
셋째, 적의 짐수레(수송 중인 보급품)를 태우는 것이다. 넷째, 적의 무기창고
를 태우는 것이다. 다섯째, 적의 후방 부대를 태우는 것이다.

손자는 기본적으로 화공을 적극적으로 활용하는 것을 좋아하지는
않았다. 화공을 쓰면 승리하더라도 얻을 수 있는 것이 많지 않기 때
문이다. 기껏 힘들게 싸워 승리했는데, 건질 만한 전리품이 없다면
헛수고다. 여기서 '人(인)'은 병사나 말, '積(적)'은 쌓아둔 식량, '輜(치)'
는 보급품과 군수물자, '庫(고)'는 무기창고, '隊(대)'는 후방부대, 양식
을 수송하는 땅굴을 가리킨다. 이런 것을 모두 태워버리면 얻는 것이
적으므로, 화공은 최소한으로 활용해야 한다.

건조하고 바람이 많은 시기를 택한다

行火 必有因 煙火 必素具
행화 필유인 연화 필소구

發火 有時 起火 有日
발화 유시 기화 유일

時者 天之燥也 日者 月在箕壁翼軫也
시자 천지조야 일자 월재기벽익진야

凡此四宿者 風起之日也
범차사수자 풍기지일야

화공에는 반드시 조건이 있으니, 필요한 재료와 도구를 갖춰야 하며, 불을
붙이기 좋은 시기와 날이 있다. 좋은 시기란 날씨가 건조할 때이고, 좋은 날
이란 달이 기성(箕星), 벽성(壁星), 익성(翼星), 진성(軫星)의 사수(四宿) 안에 있는 날
이다. 무릇 달이 이 사수에 가까운 날은 바람이 있다.

부득이하게 화공을 쓸 때는 한번에 확실하게 승부를 내야 한다. 필
요한 재료를 미리 갖추고, 건조하고 바람이 많은 날을 선택한다. '기
벽익진(箕壁翼軫)'은 고대 중국에서 하늘의 별자리를 구분하는 28수
중의 4수로, 한 달을 28일로 볼 때 성좌의 위치에 따라 붙인 말이다.
달이 이 4수 안에 머물러 있는 날에는 바람이 많다고 보았다. 바람은
얼마나 많이 부느냐도 중요하지만 방향도 잘 고려해야 한다.

화공은 다섯 가지 변화에 대응해야 한다

凡火攻必因 五火之變而應之 火發於內 則早應之於外
범화공필인 오화지변이응지 화발어내 즉조응지어외

火發而其兵靜者 待而勿攻
화발이기병정자 대이물공

極其火力 可從而從之 不可從而止
극기화력 가종이종지 불가종이지

火可發於外 無待於內 以時發之
화가발어외 무대어내 이시발지

火發上風 無攻下風 晝風久 夜風止
화발상풍 무공하풍 주풍구 야풍지

凡軍必知有 五火之變 以數守之
범군필지유 오화지변 이수수지

불이 적의 내부에서 일어나면, 밖에서 빨리 대응하여 공격한다. 불이 났는데 적군이 고요하면 공격하지 않고 기다린다. 불길이 강할 때 불길을 다스릴 수 있으면 공격하고, 그렇지 않으면 멈춘다. 외부에서 불을 일으킬 수 있다면 적진 내부의 조건을 기다리지 말고 불을 지른다. 화공은 바람이 아래에서 위로 불 때 행해야 한다. 낮에 바람이 오래 불면 밤에 그친다. 무릇 군대는 반드시 다섯 가지 불의 변화를 알고, 이를 헤아림으로써 수비해야 한다.

이러한 점을 모두 헤아려 화공을 써야 한다. 화공에는 적의 내부에서 불을 일으키면 밖에서도 공격해 들어가는 식으로 간첩을 활용하면 더욱 효과적이다.

화공을 쓰려면 명석해야 한다

故 以火佐攻者 明 以水佐攻者 强
고 이화좌공자 명 이수좌공자 강

水可以絶 不可以奪
수가이절 불가이탈

그러므로 화공으로써 공격을 돕는 장수는 명석해야 하고,

수공으로써 공격을 돕는 장수는 강해야 한다.

수공으로 (적의 공격, 퇴로, 교통 등을) 끊을 수는 있으나,

(적의 물자 등을) 빼앗을 수는 없다.

여러 가지로 해석이 가능한 말이다. '명(明)'은 '화공을 공격의 방편으로 쓰면 효과가 명백하다'라고 해석할 수도 있고, '화공을 쓰려면 다양한 불의 변화와 여러 조건을 잘 활용해야 하니 장수가 명석해야 한다'라고 해석할 수도 있다. 앞에서 '오화지변(五火之變)'에 대해 언급되어 있듯이, 화공은 쓰기 쉽지 않고 장수의 뛰어난 역량이 필요하다. 수공을 쓰려면 물을 막고, 물길을 돌리는 등 강한 군대가 필요하다. 수공도 적의 공격을 막아내고 퇴로를 차단할 수 있는 좋은 전략이다. 하지만 물로 공격하면 적을 완전히 쓸어내 버리기 때문에, 적이 가진 물자를 빼앗는 데는 화공이 더 유리하다.

공로에 따라 상을 주어야 한다

夫戰勝攻取 而不修其功者 凶 命曰 費留
부 전 승 공 취 이 불 수 기 공 자 흉 명 왈 비 류

故 曰 明主 慮之 良將 修之
고 왈 명 주 여 지 양 장 수 지

무릇 전쟁에서 승리하고, 공격하여 (적의 재물을) 탈취하고도
그 얻은 것을 베풀지 않으면 흉한 것이니, 이름하여 '비류(費留)'라 한다.
그러므로 현명한 군주는 이것을 염려하고, 훌륭한 장수는 이것을 잘 다스
린다.

전쟁에서 승리하면 반드시 공로에 따라 공정하게 상을 주어야 한
다. 전쟁에서 얻은 것을 베풀지 않으면 군사들이 목숨을 걸고 싸우지
않는다. '비(費)'는 '재물을 낭비한다'라는 말이고, '류(留)'는 '군사의 시
체를 전장에 남겨둔다'라는 말이다. 공에 따른 상을 주지 않으면 전쟁
으로 많은 자원을 소모하고, 군사들을 죽음에 이르게 했음에도 불구
하고 얻는 것이 없다. 군사들도 얻는 것이 있어야 사기가 진작된다.

이로움이 없으면 움직이지 않는다

非利不動 非得不用 非危不戰
비 리 부 동 비 득 불 용 비 위 부 전

이로움이 없으면 움직이지 않고, 얻는 것이 없으면 용병하지 않으며, 위태롭지 않으면 싸우지 않는다.

손자는 항상 싸우지 않고 이로움을 얻는 것을 최상으로 여겼다. 전쟁은 확실한 이로움이 있어야 한다. 군대를 움직였다면 반드시 얻는 것이 있어야 한다. 부득이하게 싸운다면 아군의 피해를 최소화한다. 여기서 한 걸음 더 나아가, 적군의 피해까지도 최소한으로 해야 이기고 얻을 것이 있다. 손자가 제시하는 전쟁은 매우 현실적이고 이해타산적이다. 〈화공편〉에 이런 말을 다시 강조한 것은 화공이 그만큼 치명적인 전술이기 때문이다.

감정이 아닌 철저한 계산으로 움직여라

主不可以怒而興師 將不可以慍而致戰
주 불 가 이 노 이 흥 사 장 불 가 이 온 이 치 전

合於利而動 不合於利而止
합 어 리 이 동 불 합 어 리 이 지

怒可以復喜 慍可以復悅
노 가 이 부 희 온 가 이 부 열

亡國 不可以復存 死者 不可以復生
망 국 불 가 이 부 존 사 자 불 가 이 부 생

군주는 노여움 때문에 군사를 일으켜서는 안 되고,
장수는 성난다고 전투를 해서는 안 된다.
이익에 합당하면 군대를 움직이고, 그렇지 않으면 멈춘다.
분노는 다시 기쁨이 되고, 화나는 것도 다시 즐거움이 될 수 있지만
망해버린 나라는 다시 존립할 수 없고, 죽은 자는 다시 살아날 수 없다.

감정으로 군사를 일으킨다면 최악의 군주다. 장수가 상대의 도발에 쉽게 넘어가 성내며 전투하면 군사들을 죽음에 이르게 한다. 싸울 때는 항상 이익을 생각해야 한다. 싸웠을 때 얻을 것은 무엇이고, 잃을 것은 무엇인지 냉정하게 따질 줄 알아야 한다. 리더의 감정은 생겼다가 사라질 수 있지만 잘못된 판단으로 군사들을 전장으로 내몰았다가 패망하면 돌이킬 수 없다.

전쟁에 신중해야 한다

故 明君 慎之 良將 警之
고 명군 신지 양장 경지

此 安國全軍之道也
차 안국전군지도야

그러므로 현명한 군주는 전쟁을 삼가고, 훌륭한 장수는 전쟁을 경계한다.
이것이 나라를 편하게 하고 군대를 온전하게 하는 이치이다.

손자는 전쟁에 이기는 방법을 연구하고, 비정할 정도로 현실적인
조언을 했지만 전쟁 자체에 대해서는 되도록 피하라고 말한다. 전쟁
은 시작하는 순간부터 국력이 소모된다. 확실히 이로움이 있는 경우
나 부득이하게 위태로움을 벗어나기 위한 것이 아니라면, 전쟁은 피
해야 한다. 아무리 강한 국가도 군주가 전쟁을 자주 일으키면 나라가
기울고, 군대가 약해질 수밖에 없다. 현명한 군주와 장수는 전쟁에
매우 신중하다.

명석하게 사람을 활용하려면

용간편 用間篇

'용간(用間)'은 '간첩을 활용한다'라는 말이다.
적의 정보를 알려면 간첩을 활용해야 한다.
정보는 사람을 통해 얻는 것이 가장 정확하기 때문이다.
정보의 정확도는 전쟁의 승패를 좌우하기에
간첩을 부릴 때는 재물을 아끼지 말고,
보안을 유지해야 함을 강조한다.
향간(鄕間), 내간(內間), 반간(反間), 사간(死間), 생간(生間)이라는
다섯 가지 유형의 간첩을 구체적으로 활용하는 방법을 제시하고 있다.

나라의 운명이 걸린 전쟁

孫子曰 凡興師十萬 出兵千里
손자왈 범흥사십만 출병천리

百姓之費 公家之奉 日費千金
백성지비 공가지봉 일비천금

內外騷動 怠於道路 不得操事者 七十萬家
내 외 소 동 태 어 도 로 부 득 조 사 자 칠 십 만 가

손자가 말하였다.

무릇 10만의 군사를 일으켜 천 리 길을 출정하면

백성들이 부담하는 비용과 나라의 재정이 하루에 천금이 소모된다. 나라 안
팎이 떠들썩하여 혼란스럽고, 백성들이 길바닥에서 지쳐, 생업에 종사하지
못하게 되는 자는 70만 호에 이른다.

전국시대에는 정전법(井田法)을 시행했다. 땅을 '우물 정(井)'자 모양
으로 아홉 등분해, 여덟 집이 한 군데씩 경작하고, 나머지 한 군데는
공동으로 경작했다. 10만의 군사를 일으키면, 정전법으로 엮인 70만
호의 가구는 징집된 집안의 농사일을 도와야 하는 데다가, 군사 물자
를 수송하는 등 노역에 지쳐 생업에 종사하기 힘든 상황이 된다. 전
쟁을 한번 잘못하면 나라 전체가 휘청일 수밖에 없다.

정보에 재물을 아끼지 말아야 한다

相守數年 以爭一一日之勝
상 수 삭 년 이 쟁 일 일 일 지 승

而愛爵祿百金 不知敵之情者 不仁之至也
이 애 작 록 백 금 부 지 적 지 정 자 불 인 지 지 야

非人之將也 非主之佐也 非勝之主也
비 인 지 장 야 비 주 지 좌 야 비 승 지 주 야

故 明君賢將 所以動而勝人 成功出於衆者 先知也
고 명 군 현 장 소 이 동 이 승 인 성 공 출 어 중 자 선 지 야

서로 몇 년 동안 지키고만 있다가 하루 만에 승부가 결정된다.
작위, 복록, 재물에 눈이 어두워 적의 상황을 알지 못하는 장수는 어질지 못
함의 극치다. 다른 사람의 장수가 아니고, 군주를 보좌하는 사람도 아니며,
승리의 주인공도 아니다. 그러므로 현명한 군주와 어진 장수가 군대를 움직
이면 승리하고, 성공하는 것은 먼저 (상대의 정보를) 알기 때문이다.

씨름에서도 샅바를 잡은 채 대치하다가, 한쪽에 빈틈이 생기면 순
식간에 넘어간다. 전국시대에도 몇 년 동안 양국이 대치하다가 작은
균열로 힘의 균형이 무너지고 하루아침에 승부가 결정되기도 했다.
따라서 적의 상황을 파악하려는 정보전, 첩보전은 굉장히 중요했다.
그러려면 간첩을 활용해야 하는데, 재물이 아까워서 그의 마음을 얻
지 못한다면 장수의 자격이 없다.

257

반드시 사람을 통해 정보를 얻어야 한다

先知者 不可取於鬼神 不可象於事 不可驗於度
선 지 자 불 가 취 어 귀 신 불 가 상 어 사 불 가 험 어 도
必取於人 知敵之情者也
필 취 어 인 지 적 지 정 자 야

먼저 안다는 것은 귀신에게 정보를 얻을 수 있는 것이 아니고, 사물에서 형상을 드러나게 할 수 있는 것도 아니며, 법도에 의해서 시험해볼 수 있는 것도 아니다.
반드시 사람을 통해 정보를 얻어서 적의 상황을 아는 것이다.

어떤 집단의 진짜 중요한 고급 정보는 사람을 통해야 얻을 수 있다. 전쟁 상황에서 소문이나 군대의 외형과 같이 드러난 정보는 참고만 해야지, 완전히 믿을 수 없다. 적이 일부러 꾸며내 흘린 것일 수도 있기 때문이다. 간첩을 활용해 얻어내는 정보가 진짜다. 적국에서 오래 살았던 사람, 적의 관리, 아군이 침투시킨 간첩 등을 통해 적의 상황을 확인하는 것이 확실하다.

간첩을 활용하는 다섯 가지 방법

故 用間 有五 有鄕間 有內間 有反間 有死間 有生間
고 용간 유오 유향간 유내간 유반간 유사간 유생간

五間俱起 莫知其道 是謂神紀 人君之寶也
오 간 구 기 막 지 기 도 시 위 신 기 인 군 지 보 야

鄕間者 因其鄕人而用之 內間者 因其官人而用之
향 간 자 인 기 향 인 이 용 지 내 간 자 인 기 관 인 이 용 지

反間者 因其敵間而用之
반 간 자 인 기 적 간 이 용 지

死間者 爲誑事於外 令吾間知之 而傳於敵 生間者反報也
사 간 자 위 광 사 어 외 영 오 간 지 지 이 전 어 적 생 간 자 반 보 야

그러므로 간첩을 활용하는 것에는 향간(鄕間), 내간(內間), 반간(反間), 사간(死間), 생간(生間) 다섯 가지가 있다. 이를 모두 활용하면서 (적이) 알지 못하게 하는 것은 신기(神紀, 귀신같이 신묘하여 헤아리기 어려운 법)요, 군주된 자의 보배다. 향간(鄕間)은 그 지방 사람을 활용하는 것이다. 내간(內間)은 적국 관료를 활용하는 것이다. 반간(反間)은 적의 간첩을 활용하는 것이다. 사간(死間)은 거짓으로 일을 꾸며 밖으로 드러나게 하여, 적의 간첩이 그것을 적국에 전달하게 하는 것이다. 생간(生間)은 (임무를 마치고) 돌아와 보고하게 하는 것이다.

오랫동안 그 지방에서 산 사람이 주는 정보, 특히 지형에 대한 것은 믿을 만하다. 적국의 관료를 포섭하면 적의 동향에 대한 핵심적인 정보를 얻기 쉽다. 적의 간첩을 포섭한다면 더할 나위 없이 좋다. 때로는 아군에 침투해 있는 적의 간첩을 역이용할 수도 있다.

간첩을 부릴 때는
성현의 지혜가 있어야 한다

故 三軍之事 莫親於間 賞莫厚於間 事莫密於間
고 삼 군 지 사 막 친 어 간 상 막 후 어 간 사 막 밀 어 간

非聖知 不能用間 非仁義 不能使間
비 성 지 불 능 용 간 비 인 의 불 능 사 간

非微妙 不能得間之實 微哉微哉 無所不用間也
비 미 묘 불 능 득 간 지 실 미 재 미 재 무 소 불 용 간 야

그러므로 간첩을 쓰는 것은 (군주나 장수가) 직접 다루어야 한다. 간첩에게
주는 상만큼 후한 것이 없으며, 간첩을 쓰는 일만큼 은밀한 것이 없다.
성현의 지혜가 아니면, 인의가 아니면 간첩을 부릴 수 없고
섬세하고 미묘하지 않으면 간첩을 쓰는 실리를 얻을 수 없다.
미묘하고 미묘하도다. 간첩을 쓰지 않는 곳이 없음이여.

간첩은 사람이다. 사람은 마음이 가는 곳으로 움직이고, 믿음을 주
는 사람에게 충성한다. 아군의 간첩에게 믿음을 주고, 그의 마음을
완전히 얻으려면 군주나 장수가 직접 나서야 한다. 사람의 마음은 언
제 어떻게 변할지 알 수 없다. 아군이 적의 간첩을 이익으로 유혹해
반간(反間)으로 쓰려고 하듯이, 적도 아군의 간첩을 포섭하려고 한다.
그렇기에 간첩을 쓸 때는 온갖 지혜를 발휘하지 않으면 안 된다.

용간(用間)의 핵심은 보안이다

間事未發 而先聞者 間與所告者 皆死
간 사 미 발 이 선 문 자 간 여 소 고 자 개 사

간첩의 일을 아직 시작하지도 않았는데
미리 들어 아는 자가 있다면 간첩과 그 사실을 고한 자를 모두 죽인다.

은밀히 적의 정보를 조사해 아군에게 알리는 것이 간첩의 임무다. 용간(用間)의 성공 여부가 때로는 전쟁의 승패를 좌우할 수도 있다. 용간(用間)의 핵심은 보안이다. 그런데 우리 쪽 간첩의 움직임이 새어 나갔다면, 그 정보와 관련된 자들의 입을 막아야 한다. 이미 패가 다 들켰는데 간첩을 써봐야 얻을 수 있는 것이 없고, 오히려 아군의 간첩이 적에게 붙잡혀 죽임을 당하거나 반간이 되어 나라에 해를 끼칠 수도 있다.

먼저 적장과 주변 인물을 파악한다

凡軍之所欲聲 城之所欲攻 人之所欲殺
범군지소욕격 성지소욕공 인지소욕살

必先知其守將 左右 謁者 門者 舍人之姓名
필선지기수장 좌우 알자 문자 사인지성명

令吾間 必索知之
영오간 필색지지

무릇 공격하려고 하는 적군과 침공하려는 성과 죽이려는 적이 있다면,
반드시 먼저 수비하는 장수와 좌우의 측근과 조언자, 문지기, 호위병의 성
명을 아군의 간첩에게 반드시 조사하여 알아내게 한다.

성을 공격해야 한다면 간첩을 성에 잠입시키거나 성안에 있는 적
을 포섭하여 적진의 정보를 캐내야 한다. 특히 적의 장수와 주변 인
물들의 정보를 파악해 아군에게 유리한 방향으로 활용해야 한다. 손
자는 이름을 알아야 한다고 말했는데, 실제로 적장과 주변 인물의 이
름이 적을 언제, 어떻게 공격할지 정하는 데 그리 중요한 정보는 아니
다. 그만큼 사소한 정보까지도 소홀히 하지 말고 철저하게 조사해야
한다는 것을 강조한 말로 보아야 할 것이다.

적의 간첩을 회유하여 역이용한다

必索敵人之間 來間我者 因而利之 導而舍之
필색적인지간 내간아자 인이리지 도이사지
故 反間 可得而用也
고 반간 가득이용야

아군을 정탐하러 온 적국의 간첩은 반드시 색출하여, 이익으로 회유하고 풀
어주어 아군의 의도대로 이끈다.
그렇게 하면 (적의 간첩을) 반간으로 얻어 이용할 수 있다.

적의 간첩을 회유하여 활용하는 방법에 대한 말이다. 아쉽게도 손
자가 적국의 간첩을 색출하는 방법까지는 제시하지 않았다. 찾아낸
간첩은 바로 처벌하지 말고, 회유하는 것이 훨씬 유리하다. 간첩이
원하는 것이 무엇일지 생각해보면 포섭할 수 있는데, 간첩들은 이익
에 쉽게 흔들린다. 그의 가족을 보호해주고, 적이 제시한 것보다 큰
이익을 주면, 아군에게 회유될 확률이 높다. 반간(反間)은 용간(用間)
의 핵심이다.

반간(反間)을 통해 더 많은 간첩을 얻는다

因是而知之 故 鄕間 內間 可得而使也
인 시 이 지 지 고 향 간 내 간 가 득 이 사 야

이로 인하여 적의 사정을 알 수 있으니, 그러므로 향간과 내간을 얻어서 부
릴 수 있다.

　반간(反間)을 활용하면 적의 사정을 알 수 있고, 그를 통해 전쟁터
주변의 인물을 향간(鄕間)으로 얻거나, 적의 관리를 내간(內間)으로 얻
을 수도 있다. 반간이 적국을 등지고 아군에 충성하게 되는 그 이유,
이를테면 더 많은 보수, 덕이 있는 군주, 싸움의 명분, 아군의 우세한
군사력 등으로 적국의 지인들을 회유할 수 있기 때문이다. 사로잡은
간첩을 회유하면 얻을 수 있는 것이 많다.

사간(死間)을 통해 거짓 정보를 흘린다

因是而知之 故 死間 爲誑事 可使告敵
인 시 이 지 지 고 사 간 위 광 사 가 사 고 적

이로 인하여 적의 사정을 알 수 있으니, 그러므로 아군의 공작에 속아 넘어
간 사간이 적에게 보고하게 한다.

'사간(死間)'은 직역하면 '죽은 간첩'이다. 정말로 죽은 것이 아니라
'죽은 것과 다름없다'는 말이다. 이미 아군이 그가 간첩인 것을 알고,
그를 역이용해 거짓 정보를 적에게 흘리기 때문에 적군에게는 사로
잡혀 죽은 것보다 오히려 더 좋지 않다. 아군이 진격할 길, 기동 시점,
공격 장소, 장수의 변고 등 적의 오판을 유발하는 행동을 조작하고,
그 정보를 통해 적에게 흘러 들어가게 하면, 승리의 기회를 잡을 수
있다. 전쟁은 속이는 것이 본질이다.

생간(生間)을 최대한 활용한다

因是而知之 故 生間 可使如期
인 시 이 지 지 고 생 간 가 사 여 기

이로 인하여 적의 사정을 알 수 있으니, 그러므로 생간(生間)을 필요한 시기
에 맞게 부릴 수 있다.

반간(反間)을 통해 향간(鄕間), 내간(內間)을 확보하고, 사간(死間)을
통해 거짓 정보를 흘려 적을 혼란하게 하면, 적진에 침투한 아군 간
첩의 정체가 드러날 확률이 줄어든다. 그러면 아군의 간첩을 원하는
만큼 충분히 활용할 수 있다. 반간(反間)이나 포섭한 적국의 간첩들이
주는 정보도 유용하지만 생간(生間)은 애초에 아군에서 파견한 간첩
이기 때문에 그가 알아낸 정보는 더욱 믿을 만하다.

반간(反間)의 존재가 필수적이다

五間之事 主必知之 知之必在於反間 故 反間
오 간 지 사 주 필 지 지 지 지 필 재 어 반 간 고 반 간

不可不厚也
불 가 불 후 야

다섯 가지 유형의 간첩에 관한 일은 군주가 반드시 알아야 한다.

그것을 알려면 반드시 반간(反間)이 있어야 한다.

그러므로 반간은 후하게 대접하지 않을 수 없다.

용간(用間)에 대해서는 남에게 맡기지 말고 군주나 최고 장수가 반
드시 잘 알아야 한다. 앞에서 살펴본 바와 같이 용간(用間)의 핵심 방
법은 반간(反間)을 활용하는 것이다. 확실하게 아군으로 포섭한 반간
(反間)은 적의 신뢰를 얻고 있기에, 활용도가 매우 높다. 한마디로, 적
장을 아군의 뜻대로 움직일 수 있는 핵심 열쇠이고, 전쟁의 승패를 결
정짓는 큰 무기다. 따라서 반간(反間)은 군주나 장수가 직접 아끼고
후하게 대해야 한다.

현명한 자가 지혜로운 자를 간첩으로 쓴다

昔殷之興也 伊摯在夏 周之興也 呂牙在殷
석 은 지 흥 야 이 지 재 하 주 지 흥 야 여 아 재 은

故 惟明君賢將 能以上智 爲間者 必成大功
고 유 명 군 현 장 능 이 상 지 위 간 자 필 성 대 공

此 兵之要 三軍之所恃而動也
차 병 지 요 삼 군 지 소 시 이 동 야

옛날 은(殷)나라가 흥할 때는 이지(伊摯, 이윤)가 하(夏)나라에 있었고, 주(周)나라
가 흥할 때는 여아(呂牙, 여상, 강태공)가 은(殷)나라에 있었다. 그러므로 오직 현
명한 군주와 장수만이 지혜로운 자를 간첩으로 삼아 반드시 큰 공을 이룬다.
이것이 용병의 요체이니, 삼군이 (간첩을) 믿고 움직이는 것이다.

중국의 고대 왕조는 하(夏), 상(商) 또는 은(殷), 주(周)로 이어졌는데,
하(夏)가 망하고 상(商)이 일어날 때는 이윤이, 상(商)이 망하고 주(周)
가 일어날 때는 강태공이 각각 상탕과 문왕을 보필하여 대업을 이루
었다. 이윤은 하나라에 간첩으로 들어가 정탐 활동과 지배계급의 이
간질에 힘썼고, 강태공은 상나라 내부를 이간질하여 안에서 썩게 만
들어 상나라를 기울게 했다. 현명한 군주와 장수는 지혜로운 자의 마
음을 얻어 그를 통해 큰 공을 이룬다.

先知者 不可取於鬼神 不可象於事 不可驗於度
선 지 자 불 가 취 어 귀 신 불 가 상 어 사 불 가 험 어 도

必取於人 知敵之情者也
필 취 어 인 지 적 지 정 자 야

먼저 안다는 것은

귀신에게 정보를 얻을 수 있는 것이 아니고,

사물에서 형상을 드러나게 할 수 있는 것도 아니며,

법도에 의해서 시험해볼 수 있는 것도 아니다.

반드시 사람을 통해 정보를 얻어서

적의 상황을 아는 것이다.

살면서 꼭 한 번은 손자병법

초판 발행　　2022년 2월 22일
2쇄 발행　　2023년 12월 10일

지은이　　임성훈
펴낸곳　　다른상상
등록번호　　제399-2018-000014호
전화　　02)3661-5964
팩스　　02)6008-5964
전자우편　　darunsangsang@naver.com

ISBN　　979-11-90312-51-6 03190

잘못된 책은 바꿔 드립니다.
책값은 뒤표지에 있습니다.

독자 여러분의 책에 관한 아이디어나 원고 투고를 설레는 마음으로 기다리고 있습니다.
이메일로 간단한 개요와 취지, 연락처를 보내주세요. 독자님과 함께하겠습니다.